青春文庫

情報に踊らされてる!?

政治と経済の真実を見極める力

知的生活追跡班[編]

青春出版社

はじめに

今、この国は、政治・経済の両面で、大きなターニング・ポイントに差しかかっています。政治では、２０２４年、衆議院総選挙で与党が大敗し、過半数割れ。約30年ぶりに少数与党による政権が生まれました。現在、永田町は誰もが未体験といっていいゾーンに突入しています。

経済面では、円安が急速に進み、定着し、その余波で、ほぼ30年ぶりに物価が上がりはじめました。長らく続いた「準デフレ状態」が終わりを告げ、日本経済は新局面に入ったのです。

いうまでもなく、政治と経済は密接不可分、切っても切れない関係にあります。そこで、この本の登場です。本書には、社会のさまざまな問題を自分の頭で考えるための必須知識を満載しました。

なぜ、この国は今のような状態になったのか、これから何が起きるのか——。情報に踊らされず、真実を見極めるために本書をご活用いただければ幸いに思います。

２０２５年２月

知的生活追跡班

1章 国会と内閣がわかれば、日本政治の核心がわかる

2章

日本経済に起きていることを自分の頭で見極めるコツ

5章

日本国憲法で読み解く本当の「国のかたち」

カバーイラスト■AdobeStock
DTP■フジマックオフィス

1章

国会と内閣がわかれば、日本政治の核心がわかる

与党の過半数割れを引き起こす2つの要因

与党が総選挙で過半数を割るのは、おおむね次の2つの条件がそろったときです。ひとつは政治的なスキャンダル、もうひとつは経済危機、あるいは経済面の変調です。

過去をさかのぼると、平成の初め、1993年の総選挙で自民党が過半数を割り、野党8会派が連合して細川政権が誕生したときは、リクルート事件という政治スキャンダルとバブル崩壊という経済問題が重なり、政権交代が起きました。

2009年の総選挙では、民主党が大勝、308議席を獲得し、政権交代が起きましたが、そのさいも、前年のリーマンショックと与党に対する政治不信が重なりました。いわゆる「消えた年金」問題に加え、第一次安倍、福田、麻生と短命政権が続き、自民党閣僚の暴言・不行跡による閣僚辞任が相次いでいたのです。

また、ご記憶の方は少ないでしょうが、1983年の総選挙で、自民党が公認候補当選者では過半数割れしたことがあります。そのとき、自民党は無所属を公認したり、新自由クラブと連立を組んだりして、何とか政権を維持したのですが、そのさいも政治・経済の2つのマイナス条件がそろっていました。政治的にはロッキード事件裁判で田中元首相に実刑判決が出た直後であり、経済的には当時としては不景気な時期だったのです。

2024年も、与党（自民党＋公明党）が過半数を割りましたが、やはり2つの負の条件がそろっていました。政治的には、パーティ券裏金問題、経済的には物価高・円安です。

というわけで、政治と経済、両面で国民の不満、不安が高まったとき、与党は信任を大きく失うというわけです。本書が政治と経済をともに扱う理由のひとつも、そこにあります。

有権者の「ねじれ投票」が与党を過半数割れに追い込む

2024年の総選挙は、有権者の投票行動が、過去、最も「ねじれていた」ことが、出口調査などで明らかになっています。

選挙区と比例区に各1票、計2票投じる選挙の場合、通常は2票とも同じ党に入れる人が多いのですが、2024年の選挙では、選挙区はA党の候補者に入れ、比例区はB党に入れるというように、異なる政党に投票した有権者が多かったのです。

具体的にいえば、選挙区で「自民党」の候補者に入れた人が、比例区では「国民民主党」と書くケースが目立つ選挙でした。次の各党の比例代表の得票数をご覧ください。

自民党	1458万票（前回よりも26・8%減）
公明党	596万票（16・2%減）
立憲民主党	1156万票（0・6%増）
国民民主党	617万票（138%増）
日本維新の会	511万票（36・6%減）
れいわ新選組	381万票（71・7%増）
日本共産党	336万票（19・3%減）

自民党は前回までの総選挙では、おおむね1800～1900万票を獲得していました。今回の総選挙では、そのうちの約400万票を失い、その多くが国民民主党に回ったとみられます。国民民主党は自民党が失った分にほぼ匹敵する約360万票伸ばしました。そして、比例区の名簿登載者の数が足りなくなり、本来割り当てられる3議席を他党に譲ることになるほどとなったのです。

これは、自民党の支持者や保守的な無党派層が、選挙区では自民党の候補に入れても、比例区では「自民党」と書く気がしなかったことが一因であったようです。

とはいえ、いきなり野党第一党の立憲民主党の名を書くのも気がすすまない。そこで、立憲民主党よりは「ゆ党」（与《よ》党と野《や》党の間）的な行動をするとみられる国民民主党の名を書く有権者が多かったというのが、多くの選挙ウオッチャーの見方が一致するところです。

なお、野党第一党の立憲民主党は、選挙区では議席を伸ばしたものの、比例区の獲得票は0・6％増とほぼ横ばいでした。それでも、立憲民主党の多数の候補者が選挙区で勝ち上がったのは、「今回は自民党にお灸を据えよう」という有権者の意思が働いたためとみていいでしょう。

選挙前、選挙区では、野党（立憲民主党、日本維新の会、国民民主党など）がそれぞれ候補を立て、いわゆる「票が割れる」状態になるとみられていました。そして、野党が共倒れするなか、自民党の候補が勝ち上がるケースが増えるとみられていたのです。逆にいえば、石破茂政権は、野党に選挙区調整の時間を与えないため、就任早々、解散を行ったのです。

しかし、有権者は甘くはありませんでした。有権者は、自民党にお灸を据えるため、あるいは「裏金議員」を落とすため、選挙区では比較的、当選確率が高いとみられる野党第一党の立憲民主党に投票した人が多かったのです。

このような、有権者の絶妙なねじれた投票行動によって、与党は過半数割れ、ただし、政権交代も起きない（立憲民主党も政権を取れない）という政治状況が生み出されたのです。

「野党がまとまれば、政権交代」の状況をどう読むか

しかし、与党が過半数割れしたのに、なぜ、野党第一党の立憲民主党は、他の野

党に強力に働きかけるなどして、がむしゃらに政権を取りにいかなかったのでしょうか？

それは、衆議院で過半数をまとめて政権を取ったところで、参議院では過半数を大きく割っているからです。逆にいえば、参議院では自民党・公明党が圧倒的多数を握っているため、今の野党が連立して衆議院で多数派を形成しても、自民党・公明党の協力なしでは、法案を一本も通せない状態に陥るからです。

そうした衆参のねじれは、立憲民主党、そしてその党首の野田佳彦元首相にとっては、大きなトラウマになっています。立憲民主党の前身といっていい、かつての民主党は２００９年の総選挙で大勝し、政権を獲得したものの、翌年の参議院選挙に敗れ、参議院では過半数を割りこみました。その後、民主党はいわゆる「衆参ねじれ状態」のなか、力を失い、迷走し、内部闘争が絶えない状態となって、わずか３年余りで政権を失うことになったのです。

民主党が政権を失った原因には、衆議院では多数を握りながらも、参議院で過半数を割っていたことがあったのです。

その手痛い経験がトラウマ、あるいは教訓となったことが、今回、立憲民主党が他の野党に強く働きかけ、無理をして政権を取りにいかなかった最大の理由といえます。そして、与党と国民民主党が協議・連携していく姿をほぼ座視する状態で見送ったのです。

そもそも「裏金問題」の本質とは何だったのか

2024年の総選挙で、与党が過半数を割った最大の原因は、自民党の「裏金問題」です。資金集めパーティで得た政治資金を政治資金収支報告書へ記載せず、裏金化していた問題です。この問題、まずは政治家の資金集めパーティとは、どんなものなのか、そこからお話をはじめましょう。

政治家は、選挙のため、地盤を養うため、あの手この手でお金を集めていますが、その手段のひとつに資金集めパーティがあります。ホテルなどで「○○先生を励ます会」や「出版記念会」といった名目でパーティを開き、パーティ券を売りさばくのです。

参加者はパーティ券を買って出席しますが、そのパーティ券の値段はおおむねのところ2万円。大半は立食パーティであり、その料理も出席人数分用意するわけではありません。その粗利《あらり》は9割ともいわれ、主催者である政治家の懐には、大きな利益が残るというわけです。そうしたパーティで得た収益は、政治資金であり、税金がかかりません。まさに濡れ手で粟の金集めなのです。

その記載を怠ったことが、2022年11月、『しんぶん赤旗』にスクープされ、その後、神戸学院大学の上脇博之教授が東京地検に告発。2023年11月、東京地検が派閥の資金担当者を事情聴取していることがわかり、この問題が表面化しました。そして、最大派閥の安倍派の会計責任者や複数の議員が立件されたにもかかわらず、自民党は国民が満足するような説明をせず、十分な改革も行わなかったことから、同党は国民から手痛いしっぺ返しを食らうことになったのです。

与党が過半数を持っていないと、何が起きるか

では、与党が過半数を割ると、平時（与党が過半数を占めている場合）とは、どのように異なったことが起きるのでしょうか？

まず、政府提出の法案は、野党の協力（賛成）がなければ、一本も通りません。予算も補正予算も通りません。そのため、今回、与党は、野党の一部（＝国民民主党）の協力を得るため、いわゆる「103万円の壁」をなくすなどの野党の公約を協議の対象にしたのです。そうしないと、予算案の衆議院通過というハードルも越えられないからです。

そして、今回のように与党が衆議院で過半数を割ったとき、平時と最も異なる点は、「内閣不信任案」がいつ可決されるかわからないことです。

野党の足並みがそろえば、明日にでも可決され、内閣は総辞職するか、解散総選挙に踏み切るしかありません。そういう緊張関係が続く状態で、今の政局は進行しています。

じっさい、30年前、少数与党政権だった羽田政権はわずか64日間で崩壊しています。

前出の細川首相が約1年で辞任後、羽田政権があとを継いだものの、当時の社会党が連立を離脱し、少数与党内閣に転落。内閣不信任案が提出され、可決が必至の状態のなか、総辞職を余儀なくされたのでした。

これまで、キャスティングボートを握った「ゆ党」のその後

これまでにも、与党が過半数割れしたとき、あるいは過半数ぎりぎりの状態に陥ったとき、与党と野党の中間ともいえる「ゆ党」的な立場をとった政党は、いくつかありました。

また、２００９年結成のみんなの党は、２０１０年の参議院選挙で党勢を大きく伸ばして10議席を獲得。自民党と連立はしなかったものの、今の国民民主党と同様、「アジェンダ（政策テーマ）」の実現を唱え、ゆ党的な立場をとりました。しかし、まもなく、党内の路線闘争が激化し、選挙でも敗れ、２０１４年、消滅に至りました。

また、自民党と連立を組み、与党化した政党も、公明党をのぞくと、消滅していきました。まずは、１９８０年代の新自由クラブです。前述したように、１９８３年の総選挙で、自民党が公認候補者の当選者数で過半数割れしたさい、自民党との連立政権を樹立し、与党となりました。しかし、次の１９８６年の総選挙で、新自

由クラブは惨敗、解党に至りました。

1994年から1998年にかけては、自民党・社会党・新党さきがけの3党連立の「自社さ政権」が続きましたが、そのなか、あるいは政権崩壊後、社会党と新党さきがけは、大方の議席を失い、社会党（社会民主党に改称）はミニ政党化し、新党さきがけは消滅しました。

このように、「ゆ党」的な立場をとった政党や自民党と連立を組んだ政党は、ほぼ消滅してきました。それは、キャスティングボートを生かしながらも、自民党と一定の距離感を保ち、国民の支持を保ち続けることが、政治的にいかに難しいかを物語っています。

そもそも、政府と国会はどちらが強いのか

では、ここからは、永田町の現状を離れ、政府と国会が憲法上、どのような関係にあるかなど、制度的な問題について、お話ししていきます。

まず、憲法は、第41条で国会を「国権の最高機関」と位置づけています。この言

葉を字義どおりに受けとれば、憲法上は国会が政府（内閣）の上にあるといっていいでしょう。政府は、国会の決定を受けて執行する行政機関という見方です。

また、憲法は、総理大臣は国会議員から国会で選ばれ、衆議院で不信任決議案が可決されたときは、10日以内に総辞職するか、衆議院を解散しなければならないと規定しています。つまり、総理大臣には「衆議院の解散権」が与えられ、衆議院で不信任決議案が可決したときなどには、衆議院の解散を宣言し、衆議院議員全員の資格を奪うことができるのです。

この点を見れば、政府と国会はチェック・アンド・バランスの関係にあって、どちらが上でどちらが下という関係にあるとはいえません。

ただし、以上は憲法の法文上の話で、現実には、少なくとも平時（与党が過半数を握っている状態）は、政府のほうが強いといえるでしょう。政界には「政高党低」という言葉があります。気圧配置の「西高東低」をもじったもので、「政府のほうが高く、党のほうが低い」との意味で使われる言葉です。要するに、政府や官僚のほうが、国会議員よりも力があるという意味です。じっさい、平時には、重要な政策決定のほとんどは政府主導によって行われ、与党の国会議員はその大半を追認してきました。

総理と総裁を正しく使い分けよう

２０２４年秋に行われた自民党の総裁選では、９人もの候補者が立ち、誰が自民党の新「総裁」の椅子に座るかが注目を集めました。その結果、石破茂氏が勝利をおさめ、石破「総理」が誕生しました。その時点で、石破氏が勝ったのは、あくまで自民党の「総裁選」でしたが、マスコミは即「総理大臣」が決まったように伝えました。

これは、議院内閣制の日本では、与党が過半数を握っている限りでは、与党の中心政党である自民党のトップが内閣総理大臣になることがほぼ確実だからです。ただし、自民党が野党に転落しているときは、自民党総裁になっても、総理大臣にはなれません。

また、自民党が与党であっても、連立内閣を組んでいるとき、他党から総理が出たことがかつて一度だけあります。１９９４年発足の村山内閣は、自民党・社会党・新党さきがけを与党とする政権でした。自民党は与党第一党でしたが、総理の座を社会党に譲り、自民党総裁の河野洋平氏は副総理兼外務大臣として入閣しました。というわけで、自民党総裁でも、総理大臣になれないことが、ごくまれにあるのです。

首相と大統領の違いを「権力の大きさ」から考える

日本やイギリスの政治的トップは「首相」、アメリカやフランスのそれは「大統領」と呼ばれますが、では、首相と大統領は、どのように違うのでしょうか？

その最大の違いは、握っている権力の大きさにあります。

日本やイギリスのように議院内閣制をとる国の首相は、おおむね各国の大統領ほどの強力な権限を与えられていません。たとえば、日本の場合、首相は内閣を代表し、各大臣を指揮・監督する力を持つものの、各国務大臣の独立性は高く、首相はなかなか口をはさめません。

一方、大統領は国民の直接選挙で選ばれ、多くの場合は国家元首と位置づけられています。行政面では、大統領と各省庁の大臣・長官は完全な上下関係にあります。各長官は、大統領の命令を全面的に受け入れなければならない立場にあるのです。

たとえば、アメリカの大統領の場合は、ホワイトハウスのスタッフや閣僚をはじめとする約4000人の政府高官を大統領自ら任命できます。

一方、日本の首相は、自前のスタッフの数が少なく、秘書官にしても官僚が各省から出向してきているわけで、その分、絶対的な忠誠心は抱いていない場合もみられるのです。

もっとも、「議会対策」という点では、日本の首相のほうが動きやすい面もあります。与党のトップが首相の椅子に座るため、与党が過半数を握っていれば、法案などを国会で通すのは比較的簡単です。

一方、アメリカでは、たとえば大統領が共和党なのに、議会では民主党が多数を占めていることも多く、大統領提案の政策が議会で否決され、廃案になることも少なくありません。

なお、今は、上院・下院の過半数も共和党がおさえ、大統領（共和党）が力をふるいやすい条件がそろっています。

内閣官房長官は、どんな仕事をしている？

日本の内閣制度に話を移します。内閣の〝事務局〟といえるのが、「内閣官房」であり、そのトップの座にあるのが内閣官房長官です。その仕事は多岐にわたります。

まず、内閣官房長官の重要な仕事のひとつに、閣議の進行役があります。閣議は日本政府の最高意思決定機関であり、すべての大臣が参加します。官房長官はその閣議を進行させるのです。なお、閣議は秘密会で、議事録も作りません。決定は全員一致が原則で、案件が決定したときは、全員が花押《かおう》か姓名を毛筆で書いていきます。

次いで、官房長官には、内閣のスポークスマンとしての役割があります。毎日2回の定例記者会見を行うほか、記者に対して「懇談」（ブリーフィング）も行います。新聞には、「政府首脳によると……」という表現が出てきますが、これはおおむね内閣官房長官がブリーフィングで発言した内容です。正式の記者会見ではないため、官房長官と特定するのではなく、「政府首脳」とボカして表すのが、いわゆるオールドメディアの〝お約束〟になっています。

また、官房長官は、与党との連絡調整という役割も担っています。政府の代表として、与党の幹事長や政調会長らと会って、政策や政治日程の調整を行います。

また、官房長官は、内閣の〝財布〟を握っています。内閣官房には、毎年「内閣官房報償費」と呼ばれる領収書のいらない予算がつきます。いわゆる「官房機密費」です。この資金の使い道を決めるのが官房長官で、首相官邸内にある金庫には、つねに多額（5000万円以上とみられます）の現金が用意されていて、使いたいときにすぐ金庫から取り出して使うことができます。

官房副長官は、どんな仕事をしている？

その内閣官房長官の配下には、原則3人の官房副長官がいます。その仕事は、首相と官房長官の補佐。3人のうち、事務担当（1人）は官僚から選ばれ、各省庁との調整のほか、総理大臣や官房長官の意向を各省庁に徹底させる仕事を担っています。その仕事には、各省の省内事情に精通し、かつ官僚ににらみをきかせる力量が要求されるため、通常は有力省庁の事務次官経験者から選ばれます。

残る2人は、政務担当の官房副長官で、こちらは、将来を期待される国会議員から、おおむね選ばれています。その主な任務は、首相官邸と国会、あるいは官邸と各政党との連絡調整です。

また、政務担当の副長官は、首相の海外訪問によく同行します。首相が海外に行くときには、官房長官が日本に残って留守を守ります。そして、首相には、政務担当の官房副長官が随行するのです。そのさいには、副長官は記者会見でスポークスマンの役目を務めたり、首相と世界の首脳との交渉の場に同席したりします。官房副長官のポストは、政界では〝次の次の次の総理〟くらいに目される有望な政治家にとって、外交経験を磨ける役職でもあるのです。

官邸に詰めている首相秘書官の立場と役目

首相秘書官は、総理の側近的なポスト。原則、2人の政務秘書官と6人の事務秘書官の計8人が官邸に詰めています。そのなかでも、首相に最も大きな影響力をおよぼすのが、政務秘書官です。

政務秘書官は、政治上の秘密を知る立場にあるため、この職に就くのは首相から最も信頼されている人物らです。そのため、総理の首相就任前から、長く秘書をつとめていた人が横滑りすることの多いポストです。彼らは、政治的・政策的なアドバイスを行い、また首相の金庫番的な役割をつとめることもあります。

一方、事務秘書官は官僚から選ばれます。多くの場合、外務省、財務省、経済産業省、警察庁などから派遣され、事務的、政策的な面で首相をバックアップします。その担当分野は、おおむね以下の通りです。まず、外務省出身者は、先進国首脳会議（サミット）やAPEC（アジア太平洋経済協力会議）といった国際会議や二国間首脳外交などの外交を担当します。国際会議などで首相が行うスピーチやコメントの調整も、外務省出身者が行います。

財務省出身の秘書官は財政、金融、経済、教育、社会保障、公共事業、農業などを担当、経済産業省出身者は経済産業と科学技術、環境を担当しています。

警察庁出身者は危機管理や法務、防衛、治安、地方自治を担当します。加えて、警察庁出身者が宮内庁長官をつとめることが多いこともあって、皇室との調整役もつとめます。むろん、首相の身辺警護を行うSPを統括するのも、警察庁出身の秘書官です。

各大臣の秘書官は、実際、どう動いている？

各省の大臣にも、おおむね2人の大臣秘書官がつきます。

1人は「政務担当秘書官」で、大臣が指名します。大臣の議員秘書をつとめていた人が、そのまま就任することが多いポストです。その仕事は、民間企業の役員秘書のようなスケジュール管理や身の回りの世話から、政策的・政務的な相談にも乗ります。それだけに、各大臣は公私ともに頼りになる人物を起用します。

もう1人は、各省の官僚から選ばれ、「事務担当秘書官」と呼ばれます。おもな仕事は大臣室と省との連絡や調整です。大臣の考えを省の関係者や部署に伝えたり、逆に省側の要望を大臣に伝えたりします。

この事務秘書官は、省内全体を見渡せるため、将来を嘱望される中堅の官僚が起用されることが多くなっています。さらに、政治家と接する機会が多く、人脈を広げるチャンスなので、官僚から政治家へ転身する人が多いポストです。

副大臣、政務官と官僚の〝見えない関係〟

「政務三役」とは、大臣、副大臣、政務官を総称する言葉。大臣と、省庁の規模によって1~3人の副大臣、さらにやはり1~3人の政務官を加えた数人の政治家チームが、各省庁の司令塔を構成しています。

かつて、各省庁には、大臣の下に「政務次官」というポストがあり、与党所属の国会議員から任命されていました。しかし、この政務次官、官僚の間では「盲腸」とバカにされていました。存在していても、何の役にも立たないという意味です。

そこで、1999年、政務次官制度が廃止され、新たに「副大臣」と「大臣政務官」が設けられました。大臣と副大臣、政務官がチームを組んで動くスタイルに改められたのです。

自民党の党三役で幹事長が一番力をもっている事情

政党に目を移すと、自民党には「党三役」と総称される役職があります。幹事長、政務調査会長、総務会長のことです。

この党三役のなかでも、とくに力をもつのが、幹事長です。総裁が首相として国政に忙殺されるため、党の権限は幹事長に集中しています。

幹事長の巨大な権力の源泉は、第一には資金力です。とりわけ、国による政党助成金制度ができて以来、党に流れ込む資金が増え、幹事長の扱える政治資金が格段に大きくなりました。

幹事長の次にランクされるのは、政務調査会長（政調会長）です。政調会長の大きな仕事は、党の政策を決定すること。官庁が作った法案も、政務調査会が認めなければ、実質的に国会にかけることもできません。

総務会長は、党のまとめ役的な存在。何かの問題で党内が紛糾したとき、総務会はガス抜きの場としてよく使われます。反対、批判を口にする議員らをうまくなだめ、ひとつの方向にまとめていくのが、総務会長の腕の見せどころになります。

なお、自民党の役職をめぐっては、マスコミでは「党七役」という言葉も使われます。七役の中身は一定していないのですが、おおむねのところ、党三役に国会対策委員長、選挙対策委員長、全国組織委員長、広報委員長を加えて、そう呼んでいます。そのうち、国会対策委員長は党の国会活動、選挙対策委員長は選挙の責任者。全国組織委員長は党の組織活動を強化する役割を持ち、広報委員長は党の宣伝を担当しています。

この党七役という言葉は、別の役職を指す場合もあり、党三役のほかに、財務委員長、全国組織委員長、広報委員長、国民運動本部長を加えて、そう呼ぶこともあります。

通常国会、臨時国会、特別国会の違いを整理する

この項からは、「国会」について、お話ししていきます。まず、国会には、3つの種類があることをおさえておきましょう。通常国会、臨時国会、特別国会の3種

類で、さまざまな面で違っています。

まず、「通常国会」は、毎年1月中に召集され、会期は150日間。年度替わりをはさみ、国の予算や予算関連の法案をおもに審議します。

この通常国会終了後、さらに審議する必要があるとき、「臨時国会」が開かれます。通常国会で積み残した法案や補正予算を審議することが多い国会です。「臨時」とはいいながらも、景気対策を盛り込んだ補正予算を審議するため、毎年のように秋に開かれています。また、臨時国会は、選挙後にも開かれます。参議院選挙と衆議院議員の任期満了による選挙のあと、30日以内に開かれます。

一方、衆議院解散による総選挙後に開かれる国会は、「特別国会」と呼ばれます。この特別国会の召集とともに、それ以前の内閣は総辞職し、特別国会で新しい内閣総理大臣を指名することになります。

院内会派って、どんなもの？

国会内では、各政党は公式には政党名では活動していません。国会議事録には、自民党や立憲民主党といった政党名は登場しないのです。各政党は、国会内では、政党の代わりになる集まり「院内会派」をつくり、議事録などでは、この院内会派名が使われます。

ただし、院内会派は、ほぼ同じ政党のメンバーで構成されます。具体的にいうと、自民党や立憲民主党などの政党が、少数の無所属議員を院内会派に引き入れ、会派を構成しているのです。たとえば、2024年末現在の衆議院では、自民党中心の院内会派名は「自由民主党・無所属の会」、立憲民主党中心の会派名は「立憲民主党・無所属」という具合です。

また、無所属の議員たちが、1人では国会内の活動がほとんど何もできないので、何人か集まってミニ会派をつくることもあります。

むろん、政党が院内会派を組む目的は、さらに勢力を大きくすることにあります。国会では、より大きな会派が有利な立場に立てるからです。

まず、衆参両議院の議長は、各議院の最大会派から出すことになっていますし、副議長は2番目に大きな会派から選出されるのが通例です。さらに、常任委員会や特別委員会など、各委員会の委員長や理事の割り振りも、院内会派の大きさによって決まります。さらに、質問時間から、国会内の控室の大きさ、公用車の台数に至るまで、院内会派の大きさによって決まるのが国会というところなのです。

議長と委員長をめぐる水面下の攻防

国会には、衆・参議院の議長、副議長、常任委員長、特別委員長といった役職があります。これらの役職の決め方は、国会法によると、正副議長と常任委員長は本会議で選び、特別委員長は特別委員会で互選することになっています。しかし、これは形式的なもので、実質的には選挙や互選をするまえに、与野党間の話し合いで、割り振りと人選が進められます。

そのさい、前提となるのは、やはり「会派」の大きさです。国会の役職も、会派に所属する国会議員の人数によって、割り振られます。

その割り振りに正式のルールはありませんが、永田町の暗黙の了解はあります。まず、議長に関しては、衆議院も参議院も、議長は第一会派、副議長は第二会派から選ばれます。

一方、常任委員長ポストの割り振りは、選挙のたび、各政党の議席の変動に伴って揺れ動きます。2024年の総選挙で大敗した自民党は、花形の予算委員長ポストのほか、多数の委員長の座を失いました。

理事会は国会審議のスムーズな進行に不可欠

国会の各委員会の「理事会」は、一言でいえば、委員会のスケジュールなどを打ち合わせる場。審議をスムーズに進行させるためには、与野党の事前打ち合わせが欠かせないのです。

そして、各会派への理事の人数の割り振りは、やはり所属国会議員の数によって決まります。各党の理事たちは、公式の理事会、あるいは非公式会合である理事懇談会で、協議・駆け引きをしながら、本会議や各委員会の日程などを自会派に有利になるように進めていくのです。

なかでも、各会派が重視しているのが、予算委員会の理事会です。予算委員会は、国の予算を扱うもっとも重要な委員会であり、テレビ中継されることもあって、まさしく与野党攻防の最前線といえる委員会です。

この委員会は、その名のとおり、本来の目的は、国の予算を審議することにあるわけですが、予算はすべての国政に関係することから、事実上、この委員会では何を質問してもいいことになっています。世間を賑わせる爆弾質問が飛び出すのも、おおむねこの委員会です。

さらに、首相が一問一答形式で答弁するのは、この予算委員会と党首討論にほぼ限られます。そのため、野党も、予算委員会の質問者には、党首、幹事長クラス、党内きっての論客を投入します。さまざまな意味で、他の委員会とは、別格といっていい委員会なのです。

もちろん、予算委員会に出てくる質問者は、これら予算委員会の重要性をよく知っています。だから、腕によりをかけて、質問をつくり、政府を追及します。ときには、政局を揺るがす火種になることもあり、マスコミにとっても注目の場なのです。そうした別格の重要委員会だけに、各会派は、その理事には閣僚経験者ら手練手管にたけたベテラン議員を送り込んでいます。

国会中継をみれば、その理事たちが集まる姿を目にすることもできます。予算委員会の最中、審議が中断すると、委員長席の周りに人が集まり、何やら協議している姿が映ります。それは「場内協議」と呼ばれるもので、各会派の理事たちが委員長を囲んで意見を戦わせているのです。

議院運営委員会の理事にベテラン議員が多い理由

議院運営委員会（議運）は、国会審議の日程を決める場。本会議の採決にいたる審議日程や、各党の質問時間の割り振りは、議院運営委員会で決めることになっています。実質的には、この委員会も、その理事会の話し合いで重要事項が決まっていきます。

この議運の理事たちが最も活躍するのは、国会がモメたときです。たとえば、野党が審議を拒否し、国会が空転したときには、議運は理事会や理事懇談会を断続的に開き、事態を収拾しようとします。

そのため、議運の理事たちは、永田町の酸いも甘いもかみわけたベテラン議員ばかりです。他会派と交渉し、自党に都合のいい結論を引き出すような手腕が求められるのです。

また、議運は、単に議事進行だけでなく、国会の運営全般に携わっています。国会の会期や開会式の日取り、本会議の議席、各党議員の控室の割り振りをするのも、議運の仕事です。その仕事は、さらに国会内にとどまらず、議員宿舎や公用車の手配のルール作りにまでおよびます。

衆議院と参議院で議決が異なった場合に起きること

ご承知のように、国会には衆参両院があり、両院の議決が同じになるとは限りません。衆議院で可決された法案が、参議院で否決されることもあります。とくに現在、与党は衆議院では過半数を割り、参議院では過半数を占めているという、いわゆる「ねじれ状態」にあるので、今後、衆参の議決が食い違う状態になるかもしれません。

では、参議院の否決によって、その法案が不成立になるかというと、そうはならないこともあります。参議院で否決された法案が復活する場合もあるのです。具体的にいうと、参議院で否決された法案をもう一度衆議院にかけ、衆議院で出席議員の3分の2以上が賛成すると、その法案は国会を通過したことになります。

衆議院で3分の2以上がとれないときでも、衆参の両院協議会を開いて妥協案を練り、もう一度、国会にかけることもできます。

また、予算案の議決と条約の承認については、衆議院の議決が優先され、衆議院で可決されると、事実上、成立となります。手続きとしては、衆議院通過後、参議院で否決された場合には、まずは両院協議会が開かれ、妥協案ができない場合には、衆議院の可決が優先されるのです。

また、衆議院で可決した予算案を、参議院が30日以内に議決しないときも、衆議院の可決どおりになります。それが、いわゆる予算案の「自然成立」で、毎春の予算案審議では、衆議院を通過したとたん、国会が緊迫感を欠いたものとなるのは、このためです。

以上のように、衆議院の優越性が認められている論拠は、衆議院も参議院も完全に対等な権能をもたせると、議決が食い違ったとき、国政が進まなくなってしまうためといえます。そこで、衆議院の権能を部分的に優先させることになっているのです。

参議院は衆議院の「カーボンコピー」説を検証する

では、参議院は何のためにあるのでしょうか？　衆議院の優越性が認められているのなら、参議院が否決しても、意味がないことが多くなります。それなら、衆議院一院さえあれば十分であり、参議院を置くのは税金のムダづかいというのが、参議院無用論のおもな論拠です。

また、現実の政治のなかでは、衆議院と参議院は、おおむね似たような会派構成になり、ともに与党が多数を占める時期が長かったため、両院で意見が食い違うことはほとんどありませんでした。そのため、参議院は衆議院の「カーボンコピー」といわれてきました。そんな参議院は、やはり無用というわけです。

ところが、それでも、参議院には重要な存在意義があるという意見もあります。衆議院一院制では、衆議院がもし暴走をしたとき、止める者がいなくなります。参議院は一見ムダにみえるかもしれないが、いざというときには必要という意見です。

また、衆議院が解散、総選挙となったとき、一院制では議会が消滅したことになり、そこに政治的な空白が生まれます。この空白期間に内外で大事件があったとき、対処できる立法機関がないわけです。二院制は、そういうときのための保険でもあるわけです。

国会質問の答弁をめぐる「舞台回し役」の存在

国会答弁は、基本的に官僚によって書かれています。国会で答弁に立つ大臣が、法律や政策について、すべて熟知しているわけではないので、細かな点については、大臣は官僚からレクチャーを受けることになりますが、それでも答弁しきれないときは官僚の作成した答弁用の文章を読み上げることになります。

そのため、国会がはじまると、官僚たちは国会答弁作りに忙殺されます。まず、国会質問に立つ国会議員のところに、質問内容を聞きに出かけ、それに対応して答弁を作成します。

このように、国会審議には、官僚が大きく関わっていて、かつては官僚が大臣の代わりに国会答弁に立つのが当たり前のことでした。近年は基本的には大臣が答弁することになっていますが、それでも舞台回し役として、官僚が大きな働きをしていることに変わりはありません。

国会答弁が棒読みされるようになった経緯

国会の規則では、本来、原稿の朗読は原則として禁止されています。しかし、そこには抜け道があって、「報告のために簡単な文書を朗読する」ことは許されています。この部分が最大限に解釈されて、棒読み答弁がはびこってきました。

もともと、戦前の国会は、演説の達人の集まりであり、答弁書をそのとおり読み上げるだけというのは、政治家にとってひじょうに恥ずかしいことでした。しかし、軍靴の音が高まると、軍部が国会演説原稿を事前チェックするようになり、国会議員たちは原稿を棒読みするしかなくなったのです。

その時期は、政治家たちは泣く泣く原稿を棒読みし、戦後、軍部が解体されると、棒読みはなくなるはずでした。しかし、事態はそうは進まず、答弁書を読んでもいいという例外規定が、どんどん拡大解釈され、吉田茂首相の時代には演壇に「見台」が設けられました。その見台に原稿を置いて原稿を読めるようになったのです。吉田首相が演説を朗読するようになり、その後、大半の政治家が真似るようになったのです。

吊るす、お経読み、ガチャン…永田町のフシギな隠語

各業界に隠語があるように、永田町にも多数の隠語が存在します。そのごく一部を紹介してみましょう。

まず、「寝る」は、野党が国会審議を拒否すること。一方、寝ていた野党が審議再開に応じることを、「起きる」といいます。

与党による強行採決は「ガチャン」と呼ばれます。野党とぶつかるときの激しさから生まれた言葉のようです。

法案審議に関して、「お経読み」は、担当大臣が法案の趣旨説明を行うこと。担当大臣は自分の言葉で法案内容を説明するわけではなく、ひたすら官僚の作文を読

み上げるので、その退屈さから「お経読み」と呼ばれるようになりました。

そして、「吊るす」や「枕法案」は、法案審議の駆け引きに関する言葉。まず、「吊るす」とは審議を後回しにすること。一方、「枕法案」は重要法案を「吊るす」ための別の法案のこと。たとえば、野党は、他の法案を先に審議し、長時間の質問時間を求めます。そうして、審議を長引かせ、与党の通したい重要法案を吊るしたままにしておくわけです。通常は少数の野党としては、審議がどんどん進行して、採決にもちこまれると、勝ち目がありません。そこで、枕法案を使って、与党から譲歩をひきだそうとするのです。

一方、与党は、野党のために「みやげ法案」を用意することもあります。「みやげ法案」は野党の通したい法案であり、それを通すことで、重要法案を通過させるよう取引するのです。

そして、国会議員が最もおそれる隠語は「紫の袱紗《ふくさ》」。これは、衆議院の解散を意味します。首相が衆議院を解散したとき、天皇から解散の詔書が発せられます。この解散の詔書には、紫の袱紗がかけられているところから、この隠語が生まれました。

法案は、現実には、誰がどうやって作っている？

国会にかけられる法案には2つの種類があり、ひとつは「政府立法」で政府（実質的には各省庁の官僚）が作る法案のことです。もうひとつの「議員立法」は、国会議員が作成する法案です。

これらの法案の作成・国会提出の手順は、「政府立法」と「議員立法」では少し違います。まず、政府立法は、各省庁の官僚が原案を作成し、関係する他の省庁や内閣法制局と内容を協議、チェックします。そして、法案が固まると、与党の審査にかけ、ここで実質的に決定されます。それを閣議に上げ、大臣がサインしたら、法案の国会提出となります。

一方、議員立法は、議員個人が法案を作成します。しかし、法案を書いても、国会提出までには多数のハードルがあります。まず、衆議院の法制局などと協議して、他の法律との整合性などをチェック。そして、議員が国会に法案を提出するためには、衆議院で20人以上の議員の賛成、参議院なら10人以上の議員の賛成を得ることが必要になります。予算を伴う法案では、衆議院で50人以上の議員の賛成、参議院なら20人以上の議員の賛成を得ることが必要になります。1人や2人では、法案を国会に提出することもできないのです。

世襲議員がどんどん増えるのには理由がある

近年、有力な政治家の大半は世襲議員です。とりわけ、首相は、石破首相のほか、岸田前首相、安倍、福田、麻生、小泉元首相らは世襲議員。この20年余り、菅元首相以外の自民党の首相は世襲議員なのです。

現首相、元首相らに限らず、国会に世襲議員が増え続けているのは、選挙で圧倒的なアドバンテージがあるからです。何の基盤もなしに立候補するよりも、国会議員だった親の選挙基盤を相続して立候補したほうが、はるかに当選しやすいのです。

その選挙基盤は、俗に「3バン」と呼ばれます。「地盤」「看板」「カバン」の3つの「バン」です。

まず「地盤」は、親がつくってきた選挙組織を意味します。親の議員活動を支えてきた秘書団にはじまり、後援会や支援グループなどがそれに当たります。「看板」は、親の知名度であり、威光であり、名声です。選挙区内に、親の名声がとどろいていれば、その威光は次代にもおよびます。

「カバン」は、資金力。政治家は政治資金を集めるのにひと苦労しますが、それでも親譲りの政治資金調達ルートがあれば、それも比較的楽に集めることができます。

そうした「3バン」を親から受け継げば、選挙戦はがぜん戦いやすくなります。国会に世襲議員が増え続けるのは、そうしたアドバンテージがあるためです。

国会議員に不逮捕特権があるのはどうしてか

国会議員には、いくつかの特権がありますが、そのいちばん大きなものは「不逮捕特権」でしょう。国会会期中に国会議員を逮捕するには、その議員が所属する議院の許諾が必要となるのです。

ときには、その特権に阻まれて、議員の逮捕が遅れることもあり、それで汚職捜査が頓挫することもあります。この特権は、なぜ生まれたのでしょうか？

これは、民主主義が根づいていく過程で、必要だったシステムといえます。近世、王権と議会が対立していた時代、王と王権派は既得権益を守るため、自分たちに敵対する議員を逮捕しようとしました。王権派は治安組織を動かし、犯罪をでっち上げて、敵対する国会議員を逮捕させることがあったのです。そうやって、王権派は、議会勢力の力を削ごうとしました。

そのように、権力側が治安組織をいいように動かし、国会議員を恣意的に逮捕すれば、国会は健全に運営できなくなってしまいます。そうならないために、国会議員の不逮捕特権という制度が生まれたのです。

そもそも、政治には本当にお金がかかるのか

「政治にお金がかかる」のは、端的に言って「選挙にお金がかかる」からです。選挙事務所を設置し、ポスターやビラを印刷し、選挙カーを走らせれば、それだけでかなりの額の資金が必要です。

ただし、選挙期間は十数日に限られているうえ、公費負担の部分も多いので、何

億円もかかるものではありません。「選挙にお金がかかる」という言葉の意味は、そうした選挙期間中の費用だけを指すわけではありません。選挙期間中よりも、ふだんの選挙区での政治活動、公示日以前の選挙準備行為にお金がかかるのです。

候補者にとっての選挙は、公示日よりはるかまえにはじまっています。公示日になってから動きだしているようでは、勝ち目はありません。選挙で勝つためには、当選したその日から、次の選挙に向かって地元を回り、基盤を築いておくことが必要です。そのために活動し、事務所を設け、多数の秘書を雇うのにお金がかかるのです。

そんなこんなで、選挙前の地盤づくりには、お金がいくらあっても足りません。それで、資金集めパーティを開き、裏金をつくるような問題が生じてくるわけです。

2章

日本経済に起きていることを自分の頭で見極めるコツ

なぜ、30年ぶりに物価が上がりはじめた？

今、日本経済では「高」と「安」が同時進行しています。物価高と円安です。両者はニワトリと卵のような関係にありますが、この項では、まず物価高の側面から、お話ししましょう。

この30年余り、ほぼ上がらなかった物価は、2022年から突然動きはじめ、2023年には、3・1％（生鮮食品をのぞいた指数）も上昇しました。これは、バブル経済期さえ上回り、第2次オイルショックの後遺症が残っていた1982年以来の上昇率でした。

また、その指数からのぞかれた生鮮食品は8・2％という1975年以来の上昇率を記録しました。その後、2024年も、食品、日用品、光熱費などの値上げラッシュが続いたことは、ご承知のとおりです。

そのような、平成以降では空前の物価上昇がはじまった原因は、大きく分けて3つあります。「円安」、「脱コロナ」、「ウクライナ危機」の3点セットです。

まずは、円安です。2022年半ばから円安が加速し、原油や穀物など輸入原材料の価格が上がりはじめました。むろん、それは他の商品・製品の価格にも上乗せされることになります。

そして、2022年後半には、政府が「ウィズコロナ」の方針を示し、人々はマスクをはずして、自由に動きはじめました。これによって経済活動（需要）が回復。需要が増えれば、むろん物価は上がりやすくなります。

さらに、2022年2月には、ロシアによるウクライナ侵攻がはじまり、エネルギーと食糧の価格が世界規模で上がりはじめました。ロシアは天然ガスの供給地であり、ウクライナは小麦の大産地です。戦闘激化のなか、その供給網が混乱を来《きた》し、他のエネルギー価格や原材料価格まで高騰したのです。

以上の「3点セット」のなかでも、物価高の最大の原因となったのは、円安です。円安が「輸入インフレ（インフレーション）」をもたらしたのです。

たとえば、輸入品のドル建て価格が上がっていない場合でも、円安になると、円換算では値段が上がります。ドル建てで100ドルの商品は、1ドル100円なら円価で1万円ですが、1ドル150円なら1万5000円に値上がりするのです。

そうして、ほぼすべてを輸入に頼っている資源（原油、LNG、石炭、鉄鉱石）、食糧（小麦、トウモロコシ、大豆）の値段が円建てでは高騰したのですから、物価は上がる一方となったのです。

そして、おおむね物価が上がれば、国民の政府への不満は高まり、政権はゆらぎます。歴史的にみても、フランス革命やロシア革命は、物価高（食糧不足）が引き金をひきました。2024年の総選挙で、与党が大敗したのも、直接の原因は裏金問題による政治不信でしたが、その底流には物価高への不満が溜まっていたことがあったとみていいでしょう。

円安局面をもたらした最大の要因

では、平成以降では空前の物価高を引き起こした「円安」は、なぜ起きたのでしょうか？

2022年以降の歴史的な円安局面をもたらした最大の要因は、日米の「金利差」です。日本では、日本銀行が超低金利政策を維持する一方、アメリカではコロナ収束後の需要拡大期にあって、インフレを抑えるため、FRB（連邦準備銀行）は金利を上昇させました。すると、投資筋は、高金利の通貨に資金をシフトさせるため、円を売り、ドルを買ったのです。そして、円需要は減り、ドル需要が増えて、円は安くなり、ドルは高くなったのです。

むろん、その背景には、IT時代に入ってから、アメリカ経済が好調な一方、日本経済がこの35年間、ほぼゼロ成長だったというマクロ経済の環境の違いがあります。

為替相場は、短期的には金利差などによる需要と供給の関係、そして投資筋の思惑によって動きますが、超長期的には、やはり彼我の経済力が関係してくるのです。

そして、アメリカでは、トランプ政権が誕生しました。トランプ大統領は基本的には減税論者であり、今後、大幅減税に踏み切れば、アメリカでは個人消費が伸び、景気がよくなり、物価が上昇するでしょう。すると、FRBはインフレを防ぐため、金利を引き上げます。日米金利差がさらに拡大し、ドル高、円安が進む――といった見通し、思惑から、今後、さらに円安が進む可能性も出てきているのです。

株価高騰の背景にある円安の謎

2024年、日本の株価は急上昇し、バブル経済期以来、ほぼ35年ぶりに史上最高値を記録しました。

その背景には、やはり円安があります。日本の株式は、売買比率でみると、6割は「海外勢」によって取引されています。

一言に、海外勢といっても、その中身は長期的に保有する政府系金融ファンドや、秒単位で売買するヘッジファンドなど、さまざまですが、それに共通していることは、円安が進むと、海外勢には日本の株価がいよいよ割安に見えることです。円安が進むと、ドル建てでは日本の株価が下がります。ドルの保有者には、日本の株はますますお買い得に思えるのです。

また、円安は、自動車産業をはじめ、輸出関連産業には強力な追い風になります。そして、業績が伸びれば、それが反映されて、株価は上昇します。

加えて、近年、地政学的にも、株価が上がる要因が生じていました。中国に対するさまざまなリスクから、これまで中国に投資されていた資金が日本に向かいはじめていたのです。そこに円安が進行し、円は元に対しても安くなり、中国売り、日本買いという事態が生じたのです。

そのほかにも、株価高騰には、大きく分けて、3つの原因がありました。

まずは、アメリカをはじめとする世界的な株高です。とりわけ、AI、電気自動車、最先端半導体などの新テクノロジー関連企業が急成長し、それらがもてはやされ、投資が活発化。アメリカをはじめとする国々で、株価が史上最高値をつけたのです。日本も、それに連れ高する恰好で、株価が上がってきたのです。

そして、第二には、世界的にコロナ禍が収束し、経済、企業業績が回復、日本企業も好決算が相次ぎ、それが株価に反映されました。

そして、純粋な国内要因としては、NISA（少額投資非課税制度）の非課税枠が大きく広げられたことがありました。それによって、株式に興味を持つ人が増え、株式に投じられる資金が増えたのです。

そうした要因が重なって、日経平均は、バブル経済期を超える史上最高値をつけることになったのです。

35年の日本の経済停滞をもたらしたもの

では、そもそもの話、日本経済はなぜ35年間も成長が止まっているのでしょうか？　バブル崩壊後、この国の経済停滞は、まずは「失われた10年」と嘆かれ、時間がたつにつれて「失われた20年」、「失われた30年」と呼ばれてきました。その間、ほぼ「ゼロ成長」の時代が続き、デフレ（デフレーション）といわないまでも、物価も賃金もほぼ上昇しない「準デフレ状態」が続いてきたのです。

なぜ、かつては先進国のなかでも最も成長率が高く、ＧＤＰで世界第２位の座にあった日本経済がそんな体たらくに陥ったのでしょうか？――それを考えるまえに、まずはどのような条件がそろえば「経済は成長する」のか、そこからお話をはじめましょう。

経済成長するには、供給側（サプライサイド）からみれば、モノやサービスの生産能力を高めることが必要であり、経済学的には、それらの生産能力を高めるには、次の３要素が必要とされます。

・労働力――成長するためには、より多くの人が生産に関わることが必要です。
・設備――工場や店舗、機械など、効率的な生産の場と装備が必要です。
・技術――技術革新により、1人当たりの生産量が増えれば、経済は成長します。

1980年代までの日本には、以上の3条件がそろっていました。戦後、人口は増え続け、工場や店舗は拡大し、技術は急ピッチで進歩しました。その三位一体の好循環で、日本は戦後の焼け野原から、たった23年間、1968年には世界第2位の経済大国にまでのし上がったのです。

しかし、1990年以降、日本はその3条件をすべて失いました。まず、人口の伸びが止まり、やがて減りはじめています。設備面も、不況が長引くなか、企業の投資マインドが鈍り、投資額が減り、設備が急速に老朽化しました。そして、技術面でも、21世紀の中核技術となったITやAI関連などで、アメリカや中国に大きく後れをとったのです。

そして、この35年間、日本は成長できない国となり、1人当たりのGDP（20

24年）では、世界の39位にまで転落。韓国（33位）、台湾（37位）にも抜かれる体たらくとなったのです。

「景気がよい」と「景気が悪い」をあらためて考える

日本では、少なくとも体感的には、30年以上も「景気が悪い」時代が続いてきたのですが、そもそも「景気がよい」「悪い」とは、どのような状態を指すのでしょうか？

まず、景気と経済成長はニアイコールではあっても、完全なイコールではありません。たとえば、高度成長時代、日本経済は年間10％もの勢いで成長した時期もありましたが、それでも「景気が悪い」時期は存在しました。悪いときでも7％程度は成長していたのですが、それでも昭和の人々は10％伸びた年に比べて「景気が悪い」と感じたのです。そして、日銀は「景気が下降している」などと景気判断を発表し、政府は景気対策を打っていました。

そこからもわかるように、「景気（がよい）」とは「経済が活性化している」という〝気分〟が社会全体をおおっている状態といえます。景気という言葉に「気」という漢字が含まれるように、景気とは多分に気分的なものなのです。

より具体的にいえば、「ものの売れ行きがよくなると感じる」状態といっていいでしょう。大勢の人が店舗に足を運んでものを買う、旅行に出かけてお金を落とす――そのような気分が社会に満ちれば、小売店などはより多くのものを仕入れ、問屋やメーカーの売り上げも伸びます。

そうして、実体経済の好循環がはじまると、企業の利益は増え、それを従業員に分配するため、賃金が上がりはじめます。また、生産量が増えれば、企業はより多くの人手が必要となり、人材確保のためにも賃金を上げます。また、仕事が忙しくなれば、残業代が増え、働く人の手取りは増えていきます。

そうして、収入が増えれば、人々は「何か買おうか」という気分になり、それが売れ行きにつながります。そうした好循環を感じると、人々は「好景気」だと実感します。そうしたムードが世の中に溢れることが、「景気がよくなる」ということなのです。

好景気と不景気は必ず繰り返される

前項で述べたような「好循環」が起きれば、好景気が永遠に続きそうなものですが、現実にはそうはなりません。過去に日本でもそうだったように、景気はいつかは後退します。

なぜ、景気の好循環はストップし、悪化するのでしょうか？

それは、経済では、次のようなサイクルで好景気と不景気が繰り返されるからです。

まず、好景気で賃金がアップすると、購買欲求が高まり、モノがよく売れます。すると、ここで需要と供給の関係から、モノの価格が上がり、物価が上昇しはじめるのです。

それでも、しばらくの間は購買欲求は衰えません。ところが、やがてインフレ状態が亢進《こうしん》し、賃金上昇率以上に物価が上がりはじめます。すると、人々はモノを買い控えはじめるのです。

そもそも、消費の伸びには、おのずと限界があります。通常、家は一軒あればいいし、車も何台もいりません。食べ物にしても、1日3食以上は食べられません。いくら景気がよい状態でも、人々の消費には限界があるのです。

そうして、やがてモノやサービスの売れ行きが鈍りはじめます。商品が売れなければ、企業の利益は減少、新たな設備投資を控え、やがては賃金をカットし、人減らしもはじめます。すると、人々はモノを買わなくなり、景気はどんどん後退していくというわけです。その悪循環が、やがては「不景気」「不況」と呼ばれる状態を招きます。

では、その後、景気はどのように回復するのでしょうか？　賃金が下がると、企業はコストが減った分、モノの値段を安くします。そうして、物価が下がると、人々は安くなったと感じ、購買欲求を刺激されます。そうして、モノが再び売れはじめ、次の好景気がやってくるというわけです。

以上のようなサイクルで、好景気と不景気が繰り返されることを「景気循環」と呼びます。

これだけは頭に入れたい景気をめぐる「4つの波」

では、景気循環は、どれくらいの時間で、一めぐりするのでしょうか？　それをめぐっては、多くの経済学者がさまざまな「周期説」を唱えてきました。ここでは、代表的な「4つの波」について紹介しておきましょう。

まず、最も周期の長い説は、40〜50年周期の「コンドラチェフの波」です。この説を提唱したロシアの経済学者コンドラチェフの名から、そう呼ばれています。

この説によると、第一（1750〜1810）の波（経済の拡大期）は、産業革命の黎明期、蒸気機関と紡績機の発明によってもたらされました。次いで第二（1844〜1870）の波は、鉄道の出現と発展によって起き、第三（1890〜）の波は自動車、化学、飛行機、電気などの発明によるものとされました。コンドラチェフは1938年に亡くなっていますが、その後、第四の波（1950〜）が第二次世界大戦後の技術革新によって起き、第五の波（1990〜）がIT革命によって起きたと考える経済学者もいます。

その次に周期が長い説は、15〜25年周期の「クズネッツの波」で、「建設循環」とも呼ばれます。企業設備（工場や建築物）が建て替えられると、建築資材から内装、家電、家具にいたるまで、多様かつ膨大な需要が発生し、景気が刺激されます。その建て替え周期が15年から25年間なので、それに沿って景気は循環するという説です。主唱者は、アメリカの経済学者のクズネッツです。

その次に長いのが、7〜10年周期の「ジュグラーの波」で、「設備投資循環」とも呼ばれます。景気がよくなると、企業は設備投資をして、生産力を上げます。ところが、やがて設備は過剰になり、投資が手控えられ、景気は後退します。このように、設備投資の増減によって生じる波の存在が、フランスの経済学者ジュグラーによって指摘されました。

最も周期が短いのは、40か月周期の「キチンの波」で、「在庫循環」とも呼ばれます。企業は、景気回復が予想されると、生産量（在庫量）を増やします。それが景気を刺激し、景気は回復します。しかし、逆に景気後退が予想されると、企業は生産量（在庫量）を縮小し、それが景気後退を早める働きをします。アメリカの経済学者キチンが提唱した説です。

デフレとは、普通の不景気とは別の経済現象である

日本は、この35年間、明白なデフレとはいえないまでも、それに近い状態にあったとはいえるでしょう。デフレは単なる不景気とは、はっきり分けられる経済現象です。その最大の違いは、「不景気は時間がたてば回復する」が、「デフレは時間がたっても回復しない」、あるいは「悪化していく」点です。

普通の不景気は、これまで述べてきたように、景気が循環するなか、しばしば訪れる半ば定期的な現象です。経済には、モノが売れなくなり、お金が回らなくなる期間があるのです。

しかし、デフレに陥ると、不景気脱出のサイクルが機能しません。モノの値段が下がっても、売れ行きが伸びないのです。不景気→値下げ→モノが売れだす→好景気という循環が起きないのが、デフレといえます。

では、なぜ値段が下がってもモノが売れないままなのかというと、そこには消費者マインドが大きく関わってきます。「モノの値段が下がっているけれど、今、お

金を使うと将来が不安」といった不安や懸念があると、購買欲求・行動が生じないのです。

すると、値段を多少下げても売れないので、企業はさらに値下げして売ろうとします。この35年間、わが国でも起きてきたように、デフレ時には「激安!」「半額!」といった言葉が躍り、激烈な値下げ競争が起きます。むろん、そうした値下げ戦争は企業の利益、体力を確実に奪っていきます。

そして、企業はコストを削減するため、設備投資を削り、賃金をカットし、従業員の数を減らします。従業員は同時に消費者でもあるので、賃金が下がると、ますます財布の紐を固く締めます。すると、ますますモノが売れなくなるので、企業はさらに値下げして——というような悪循環が続くのが、デフレです。日本経済は、この35年間、まさしくそうした悪循環のなかにありました。

そして、デフレに陥ると、企業の肩には、それまでの借金が重くのしかかります。物価、売り上げが下がると、金融機関から借りた金の利子が相対的に重くなるからです。

一般に、インフレは、中央銀行の金利引き上げで抑制できますが、金利はゼロ以下にはできないという制約があるため、デフレに対して金利引き下げの効果は限定的です。そのため、経済界では「インフレは悪いが、デフレはもっと悪い」といわれます。

インフレは、どのようにして起きるか

今、日本では35年ぶりの物価高が起き、すでにインフレのとば口にさしかかっていると見る経済学者もいます。経済には、大きく分けて、2つの異常な状態があります。前項で述べた「デフレ」と、「インフレ」です。では、後者のインフレは、どのような原因から起きるのでしょうか?

インフレは、おもに2つの要因から起きます。ひとつは「コストプッシュ型インフレ」です。賃金や原材料費などの生産コストが上がると、企業はその上昇分を商品価格に上乗せします。その循環が続き、継続的に物価が上がっていく状態です。

もうひとつは、「デマンドプル型インフレ」です。消費者の購買意欲がきわめて旺盛で、生産が追いつかず、需要が供給を上回り、物価が上がり続ける状態です。

かつて、高度成長期の日本はこの状態で、物価が半世紀弱にわたって上がり続けました。

さらに、もうひとつ、「資産インフレ」というパターンもあります。その典型が1980年代後半のバブル経済で、余剰資金が土地や株式に向かった結果、地価や株価が急上昇する現象です。

そうしたインフレは、おもに好景気のなかで起き、賃金上昇率が物価上昇率を上回ることが多く、「良性のインフレ」といっていいでしょう。

ただ、インフレには、ひじょうに悪質なインフレが2つあります。そのひとつは、「ハイパーインフレ」です。これは、短期間に物価が何倍、ときには何千倍にもなるという経済現象。たちまち、紙幣や債券などが紙屑となり、経済は崩壊します。

もうひとつの悪質なインフレは「スタグフレーション」です。これは「スタグネーション（不況）」と「インフレーション（物価上昇）」の合成語で、「不景気と物価上昇が同時進行する状態」を指します。

一般に、不景気になると、モノが売れなくなり、物価は下がります。ところが、経済では、しばしば景気が悪化しながらも、インフレが進行するという最悪の状態に陥ることがあるのです。それが、スタグフレーションです。

この状態に陥ると、景気が悪くなり、雇用環境が悪化し、賃金が減少しているのに、物価は上昇、貨幣や預貯金の価値が目減りしていきます。そして、暮らしはどんどん苦しくなっていくのです。

このスタグフレーションが世界規模で進行したのは、1970年代のオイルショック直後のことでした。原油価格が暴騰し、工業生産の停滞が起きて、労働需要にブレーキがかかり、失業者が増えました。それなのに、原油高を反映して物価は急上昇したため、世界中の人々の生活が苦しくなったのです。日本では「狂乱物価」と呼ばれる状態となり、イギリス経済は、いわゆる「英国病」が急激に悪化し、瀕死の状態に陥りました。アメリカは、このことも一因してベトナム戦争を続けられなくなり、事実上、敗れました。世界史の転換点にもなった大スタグフレーションだったのです。

一般に、スタグフレーションは、原油価格の高騰や農産物の凶作など、基本物資の供給不足から、物価が急上昇する局面で起きます。また、為替レートの急低下などで、自国の通貨価値が下がったときにも、スタグフレーションは発生します。現在の日本は、その2条件がそろった状態であり、スタグフレーションに陥る可能性もあると懸念されています。

物価のしくみ、これだけはおさえておく

「物価」がどのようにして決まるのか、もうすこし細かくみておきましょう。

物価は、商品・サービス全体の価格水準を指す言葉であり、その基礎となるモノの価格は、最も基本的には「需要と供給のバランス」によって決まります。

たとえば、スマホやゲーム機、家電などの値段は、新発売時が最も高くなります。これは、新発売時、最も需要が大きく、供給数がそれを下回るからです。

ところが、次の新機種が発売されると、値段は一気に下がります。旧モデルは人気がないので需要が落ちこみ、安値で在庫処分されることになります。

家計の大きな割合を占める家賃にしても、需要と供給の関係で決まります。たとえば、同じ沿線の似たような広さのマンションの場合、急行停車駅と停まらない駅では、停車駅のほうが家賃は高くなります。これは、急行停車駅のほうが便利なこ

とから、借りたい人が多くなるからです。その後、急行停車駅にマンションが林立し、供給が需要を上回れば、家賃は下がっていきます。

ただ、以上は、教科書的な話であり、物価変動には他にもいろいろな変数がからんできます。近年は、経済のグローバル化が進んでいるので、国内の需要と供給の関係だけを見ていても、物価動向は説明できません。

たとえば、国産野菜や果物は、基本的には、冷害や長雨で凶作になれば、供給が減り、価格は上がります。ところが、近年は農産物も多量に輸入されているため、為替相場や運賃(たぶんに原油相場の影響を受けます)の変化によっても、価格は上下します。とりわけ、小麦、大豆、トウモロコシといった大半を輸入している穀物、オレンジやグレープフルーツ、キウイなどの輸入果物の価格変動は、国内的な需要と供給の関係だけでは、まったく説明できません。

恐慌って、どんな状態?

デフレやスタグフレーションのほか、経済には、もうひとつ破滅的な局面が存在します。「恐慌」です。それは、どのような状態なのか？――この項では、今から約1世紀前、1929年に起きた「世界大恐慌」を例にとって、お話ししていきましょう。

世界大恐慌は1929年（昭和4）10月24日、ニューヨーク証券取引所での株式大暴落から、恐怖の幕を開けました。その後、株価が下がり続けるなか、銀行が次々と破綻、企業倒産が相次ぎ、アメリカの失業者は1300万人を超えました。

その影響は世界に広まり、1931年（昭和6）5月には、オーストリアの大銀行が破綻、同年8月にはドイツの全銀行が閉鎖される事態となりました。当時は各国が金本位制をとっていたので、経済危機に陥ると、経済の根幹である金が流出しました。その金流出によって、第1次世界大戦後、復興の道を歩んでいた国々は、壊滅的な打撃を受けたのです。

当時、金本位制に復帰したばかりの日本でも、金が大量流出し、後に「嵐の中で雨戸を開けた」と批判されることになります。結果、日本も「昭和恐慌」と呼ばれる大不況を招き、企業が連鎖倒産して、失業率は20％を超えました。若い女性が遊廓に売られ、食事も満足にできない「欠食児童」が街にあふれかえるといった時計の針を1世紀も巻き戻すような状態に陥りました。

日本だけでなく、世界中で多くの人々が腹を空かせ、政治に対して失望します。そして、日本を含めて世界中で軍靴の音が高まりはじめ、ついには第2次世界大戦を招く大きな原因にもなっていくのです。

経済に対する政府の役割って何だろう?

経済と政治は密接不可分、ここからは経済や景気に対して、政府が果たす役割についてみていきましょう。

政府の経済的機能のひとつに「所得の再分配」があります。資本主義・自由主義の国でも、すべてを市場原理にゆだねて、うまくいくわけではありません。たとえば、すべてを市場原理にまかせると、貧富の差が拡大します。そして、それを不満に思う人が増えれば、社会の混乱を招いて治安コストが上がるほか、貧困者が増えれば社会保障費が増大します。

極端な自由主義は、社会を劣化させるだけでなく、経済的にも不経済な点が多いのです。

そこで、政府は、大企業の活動に制限（高率の法人税、独占禁止法）を加えたり、豊かな人からより多くの税金を徴収（累進課税）して、それを社会保障・福祉制度を通じて貧しい人に分け与える役割を担っているのです。

また、政府は「マクロ経済の運営」という任務も背負っています。経済はつねに順調なわけではなく、好景気と不景気を繰り返しています。とりわけ、不況をそのままにしておくと、場合によってはデフレに陥りかねません。そこで、政府は、公共投資を行うなどして、景気を安定させる役割を担っているのです。具体的には、政府は不況期には公共投資（公共事業）を増やすなどして、景気・失業対策を行ったり、減税によって国民負担を軽くしたりするのです。

ただ、経済は水もの、そのような経済対策がいつも有効というわけでもありません。それどころか、逆効果や副作用を生み出す場合もあります。たとえば、この35年間の日本では、公共投資の経済効果はきわめて限定的で、借金（国債）ばかりが積み上がることになりました。その副作用が、長く続いたゼロ金利状態であり、今の円安であり、物価高なのです。

経済対策って、具体的に何をどうすること？

「経済対策（景気対策）」について、もうすこし細かくみていきましょう。それは、政府と日銀が協力し合って行います。「財政政策」を政府が行い、「金融政策」を日銀が担当するのです。

まず、政府の財政政策には、大きく2つの手段があります。ひとつは前述の公共投資です。大型の補正予算を組むなどして、より多くの資金を公共事業に回すことで、景気を刺激する策です。そして、もうひとつの手段は、減税です。税金を減らして国民の懐を暖め、その分、消費を増やそうという政策です。最近、焦点となった「103万円の壁」をなくす話も、所得減税策のひとつです。

ただ、政府によるこれらの対策は、政府の判断だけでは行えません。補正予算を通すにしても、所得税・法人税を下げるにしても、予算や関係法案を国会で通す必要があります。与党が過半数を握っている状態なら、自民党の政務調査会や税制調査会（税調）を通し、与党内の合意をまとめれば、国会を通すことができますが、今は与党が衆議院で過半数に達していないので、話はさらに複雑です。野党と話し合い、その意見をときには丸飲みしなければ、法律一本通せない状態です。要するに、政府の財政政策は時間がかかるのです。

一方、日銀が行う金融政策は、基本的に日銀単独の判断で行えます。具体的には、日銀が必要と判断したら、その日のうちにでも金利を下げることができます。日銀が金融機関に貸し出す金利が下がれば、金融機関が企業や個人に貸し出す金利も下がります。すると、企業は新たな投資を行いやすくなり、個人は住宅ローンなどを組みやすくなり、景気が拡大するというわけです。日本で長くゼロ金利の時代が続いたのは、日銀が金融政策を打ち続け、ついにはそれ以上、金利を下げることができなくなったという究極の形でした。

「名目」と「実質」…2つのGDPからわかること

ＧＤＰとＧＮＰは、ともに経済の規模を表す概念であり、指標です。１９８０年代まではＧＮＰがよく使われていましたが、今はおもにＧＤＰが使われています。

ＧＮＰは「Gross National Product」の頭文字を取ったもので、日本語では「国民総生産」と呼ばれます。その国の「国民」が、一定期間に生産した、財やサービスの総合計を表します。

ただ、経済や人の移動が国内でほぼ完結していた時代は、それでよかったのですが、グローバル化が進むと、ＧＮＰでは経済実態を正確に把握することが難しくなりました。ＧＮＰでは「国民」がポイントになっているため、たとえば、日本で働く外国人が稼いだお金は計上されないといった問題が生じたのです。

そこで、ＧＮＰに代わって使われるようになったのが、ＧＤＰです。こちらは、「Gross Domestic Product」の略で、「国内総生産」と呼ばれます。こちらを使えば、日本国内で働く外国人の収入なども含まれ、その分、経済の実態を正確に表すことができるというわけです。そんなわけで、日本では、１９９３年から経済活動の指標として、ＧＤＰを用いるようになったのです。

そして、そのＧＤＰにも、２つの種類があります。「名目ＧＤＰ」と「実質ＧＤＰ」です。より重要なのは実質ＧＤＰで、単にＧＤＰといった場合には、こちらを意味します。一方、名目ＧＤＰは、今では速報値的な意味合いが強くなっています。

普通の状態では、名目ＧＤＰが大きくなれば、その国の経済は成長しているといっていいのですが、ときにはそういえない場合があります。物価が上昇している場合です。

たとえば、実質的な経済力は変わらなくても、物価が年率10％で上昇していると、物価が上がった分、名目ＧＤＰは10％伸びることになります。そこで、物価上昇率を差し引いた「実質ＧＤＰ」という考え方が必要になるのです。

実質ＧＤＰは、名目ＧＤＰを修正して計算されます。簡単にいえば、まず名目ＧＤＰを計算し、そこから物価上昇分を差し引いて、実質ＧＤＰを算出するのです。

この実質ＧＤＰと名目ＧＤＰの成長率には、多くの場合、差があり、その差からその国の経済状態が見えてきます。普通は、名目ＧＤＰ成長率が実質ＧＤＰ成長率を上回ります。常態では、程度の差はあれ、物価は上昇するからです。わが国も、バブルが崩壊する前までは、戦後一貫して名目ＧＤＰが実質ＧＤＰを上回っていました。

ところが、この35年間の日本では、実質ＧＤＰの成長率が名目ＧＤＰのそれを上回ることがありました。それは、物価が下がっていくデフレ状態にあったからです。

国債が増えても、結局大丈夫なのか

日本の国家財政は毎年、赤字です。財政赤字が生じるのは、むろん税収（歳入）を支出（歳出）が上回っているから。政府は、その差額（赤字）をおもに国債を発行することによって埋めています。

借金には担保が必要ですが、国債発行の場合、その担保となっているのは、国家の徴税権といえます。将来も税金を取り続ける（＝返済原資を得られる）という信用に基づいて国債を発行しているのです。

わが国の場合、その財政赤字と国債発行残高が天文学的数字に積み上がっていることが懸念されています。では、そもそも国の借金は、どこがどうよくないことなのでしょうか？

そもそも、国に借金があること自体は、問題ではありません。世界中、どこの国も国債を発行しています。今、日本の借金が問題になっているのは、その額が許容限度を超えているとみられるからです。

現在発行されている国債残高は2024年末で1105兆円にのぼります。この額は、GDPの2倍を超え、国の税収は約72兆円（2023年度）ですから、その15倍以上にのぼります。

税収をすべて返済に充てても、15年以上もかかるというわけです。むろん、先進国のなかでは最高水準です。

そのため、今後、さらに国債が積み上がり、金利が上がったりすると、税収の大半を借金の返済に充てるといった事態にも陥りかねません。むろん、そうなれば、円も株価も下落し、経済は大混乱を来すでしょう。政情も不安定になりかねません。日本の財政状態は、すでにその崖っぷちすれすれを歩いているのではないかと懸念されているのです。

ただ、その一方、財政赤字を減らそうとして、支出を切り詰めれば、その分、景気は落ち込み、税収が減り、かえって財政赤字を増やすといったことにもなりかねません。

そのため、増税や歳出削減などの財政再建策には、政治家や識者から反対の声が上がり、この国では誰も財政再建への道筋を描けなくなっているのです。

「個人消費は経済の4番打者」といわれる理由

マクロ経済的にいうと、お金の使い手となるのは、「政府」、「企業」、「家計」の三者です。その三者のうち、GDPに占める割合が最も高いのは「家計」です。

「家計」とは個人消費のことであり、国民が食料品や日用品、クルマやパソコンを買ったり、旅行をするといった個人が支出するお金の総計を指します。そうした個人消費がGDPの6割弱を占めているのです。

国民は、不景気になると、他人事のように政府に景気対策を要求しますが、政府が多少お金を使ったところで、個人消費が増えないことには、景気は回復しません。これまで、日本で不況が長く続いてきたのは、個人消費が冷え込んでいることが最大の原因だったのです。

では、なぜ、個人消費が落ち込んだのでしょうか？ その原因のひとつは「人口の停滞（減少）」です。1人当たりの支出が同じでも、人口が減れば、個人消費の総額は減少していきます。

そして、もうひとつの原因は「将来への不安」といえるでしょう。老後の暮らしが心配、将来失業するかもわからない――個人は、そんな不安感から、お金を消費に回さず、貯蓄しておこうとします。そうした防衛策は、一人ひとりとしては正しい判断であっても、マクロ経済全体からみると、経済をシュリンクさせ、不景気を招くことになったのです。

そのように、「経済の4番打者」ともいわれる個人消費が不振だったため、日本経済というチームの成績は、35年間も低迷することになったのです。

「神の見えざる手」って、どういう意味？

この項からは、ひとまず日本経済の現状を離れて、「常識として知っておきたい経済用語」について、お話ししていきます。

まずは「神の見えざる手」です。これは経済学の入門書でも、最初のほうに出てくる言葉で、経済学の始祖とされる英国の経済学者アダム・スミスが、『国富論』のなかで使った言葉です。

「市場価格という神の見えざる手に導かれて、限りある資源が効率的に配分されていく」と、アダム・スミスは説きました。

この世の経済資源、労働力、エネルギー、食料などには、すべて限界があるわけですが、人間はそのことを考えて行動しているわけではありません。むしろ、人は自らの欲望のおもむくままに行動しています。

すると、有限の資源がムダづかいされてしまいそうですが、現実にはそうはならないと、アダム・スミスは説きました。一人ひとりが自らの欲望のおもむくままに行動しても、経済全体としては最適化が図られる。そこに「神の見えざる手」が働くからだ——とアダム・スミスは考えたのです。

たしかに、自由市場には、一人ひとりが自らの欲求のままに、需要・供給行動をとっても、全体的には需要と供給のバランスがとれたものになるという調節機能があります。それを「神の見えざる手」と、アダム・スミスは表現したわけです。

これは、今の言葉でいえば、「マーケット・メカニズム」ということになります。政府が規制しなくても、市場の力にまかせておけば、自然と需要・供給のバランスがとれてくるという、現代の市場万能主義者の考え方の根幹もここにあります。

ただ、すべてを市場にゆだねると、貧富の差や社会不安が増大するなど、さまざまな問題を引き起こすことにもなります。現在は、「神の見えざる手」の存在、有効性を肯定しながらも、その力には限界、欠点もあるというのが、経済学の主流の考え方になっています。

「株価は景気のバロメーター」といわれるのは？

「株価は景気のバロメーター」といわれます。株価と景気は密接に関係し、株価が上がるためには好景気が必要であり、また景気がよくなるためには株価上昇が必要です。

もともと、両者の関係では、景気が「主」で、株価が「従」と考えられてきましたが、これだけマネー経済が大きくなると、株価が「主」とはいわないまでも、両者の関係は「ニワトリと卵」のような関係になってきたといえそうです。

そもそも、景気が悪くなれば、株価が上がるはずもないので、株は売られ、平均株価は下がっていきます。また、景気悪化の影響で資金繰りが苦しくなった企業が、持ち株を売って現金に換えようとするなど、何かと売り圧力が強まります。そして、株価は下降基調となるのです。

一方、株価が上がりはじめると、投資家は株式を売買するたびに儲かります。そうして、懐が潤えば、消費活動は活発になり、景気はよくなっていきます。それが、企業の経常利益を増やすことにつながり、株価はさらに上がります。

また、「誰それが株で儲けた」といった儲け話は、世の中に広まるもので、ふだん株に見向きもしなかった人まで、一儲けしようと、株に投資するようになります。すると、株価はますます上がり、利益を上げる人が増え、消費はさらに活発になり、企業は儲かり、株価はまた上がっていくという循環がはじまるのです。

そういう世の中をお金が動きまわる状態は、むろん「景気がいい」状態であり、経済規模がどんどん拡大していきます。そして、企業の業績は絶好調となり、それがまた株価を押し上げることにつながります。

１９８０年代までの日本、その後の中国、そしてＩＴ革命以降のアメリカは、多少の変調はあったものの、基本的にそういう景気と株価の好循環が続く状態にあったといえます。

「大きな政府」と「小さな政府」、2つの考え方

政府は、財政政策、とくに社会保障政策の傾向によって、「大きな政府」と「小さな政府」に分けられます。

まず、大きな政府は、一言でいえば、社会保障政策が手厚い政府のことです。もちろん、国が国民に対してそうしたサービスを提供するには、先立つものが必要です。そのため、大きな政府では、高率の税金・社会保険料を国民から徴収しないと、その政策を維持できません。

一方、小さな政府は、政府の仕事をなるべく少なくしようとする政府です。たとえば、社会保障関係費をなるべく減らし、国営の業務を民営化するなど、官僚組織をスリムにして、税金を減らす方向を目指す政府のことです。

両者には一長一短あって、まず大きな政府は、税率や社会保険料を高くせざるをえないので、国民や社会の活力が乏しくなるという副作用に悩まされがちです。国民は、収入の大半を税金などで持っていかれると思うと、労働意欲が萎えてしまう

のです。また、大きな政府では、官僚組織が肥大化し、役人の数が増えていきます。それが、社会的な非効率を招くことにもつながります。

一方、小さな政府は、社会的な弱者にとっては住みにくい国になりがちです。公営サービスが乏しくなれば、自分の身は自分で守らなければなりません。それができない人にとっては、頼りにならない政府といえるのです。

たとえば、かつて「揺り籠から墓場まで」という社会福祉サービスを提供していたイギリスは、経済活力が低下し、「英国病」に悩むことになりました。その処方箋として小さな政府を志向し、一定の成功をおさめたのが、サッチャー政権でした。鉄の女のリーダーシップのもと、英国病に苦しんでいたイギリスは経済的活力を取り戻すことになったのです。ただし、その反面、社会保障費は削られ、貧富の差は拡大し、イギリスが社会的弱者には住みにくい国になったことは、間違いありません。そのため、サッチャー元首相が退陣したときには、労働者階級を中心に、祝杯をあげた国民も少なくはなかったのです。

3章

外から見えない「霞ヶ関」と官僚の〝生態〟の謎

「官庁の中の官庁」の力の源泉――財務省

この章では、霞ヶ関（中央官庁）と官僚について、お話ししていきます。まずは、おもな中央官庁がどのような仕事をしているかを具体的にみていきましょう。最初は財務省です。

財務省は、旧大蔵省時代から「官庁の中の官庁」といわれ、中央官庁の中でも別格として扱われてきました。同省の力の源泉は、むろん政府の予算編成権を握っていることです。各省は、財布のヒモを握られているため、なにかと財務省の顔色をうかがいます。各省の予算要求が認められるかどうかは、財務省の胸三寸にかかっているからです。

ただし、財務省の力は、旧大蔵省時代に比べると、格段に弱まっています。大蔵省の時代には、予算編成権のほか、銀行や証券会社の監督権限も握り、金融機関への天下りもし放題の状態にありました。ところが、大蔵省官僚の相次ぐスキャンダルがあって、その権限は金融監督庁、今の金融庁に移りました。

また、予算編成をめぐっても、財源が年々乏しくなるなか、財務省の裁量の余地は減っています。それでも、今も財務省が官庁の中では、頭半分程度は抜けた存在であることには違いなく、昔ほどではないにせよ、依然、天下り用にも質の高いポストが確保されています。

内閣を中心で支える「支援部隊」——内閣府

内閣府は、2001年の省庁再編で生まれた官庁。かつての総理府、経済企画庁、沖縄開発庁、そして総務庁・科学技術庁・国土庁の一部が合併して生まれました。ただし、その役割は、単純にそれらの組織を足し算したものではありません。内閣府は、内閣機能を強化するための機関として、「各省庁の上位」にあると位置づけられたのです。

内閣府の任務は、そのホームページなどによると、「内閣の重要政策に関する企画立案及び総合調整」、「内閣総理大臣が担当するのがふさわしい行政事務の処理」を行うこととあります。つまり、内閣府は内閣の「支援部隊」のような役割を担っているのです。

従来、日本政府は、総合的戦略に欠け、行政が縦割り過ぎると批判を浴びてきました。その欠点を克服するという意味もあって、内閣府を各省庁の上位に置き、「総合調整」という任務を与えたのです。

じっさいには、内閣府は、おもに各省庁の担当分野を横断する重要案件を扱っています。たとえば、政府の方針を決める重要な会議、経済財政諮問会議、総合科学技術会議、中央防災会議、男女共同参画会議などは、内閣府が所管しています。

外国との交渉から海外日本人の安全対策まで――外務省

外務省は、国を代表して、外国との折衝や国際的な情報収集にあたる省。1885年（明治18）の内閣制度創設以来、一度も名称を変えずに140年間続いてきたという歴史があります。

では、具体的には、その役割はどのようなものでしょうか。外務省設置法によると、「平和で安全な国際社会の維持に寄与」し、「国際社会における日本国及び日本国民の利益の増進を図ること」を任務とするとあります。

具体的には、防衛・治安面では、日米安全保障体制の維持や国際テロ対策はこれらに含まれますし、経済面では、貿易に関する交渉や経済連携協定の推進などが含まれます。さらに、途上国の発展支援、環境問題・人権問題への取組、海外日本人の安全対策など、外務省の業務は多岐にわたります。

また、外務省は、海外に多数の大使館や領事館なども持ち、職員約6000人のうち、約6割は在外公館に勤務しています。彼らが「外交官」と呼ばれます。

外交官のなかでも、重要な役割を担っているのは、「特命全権大使」（以下、大使）です。大使は、相手国との外交交渉に関する全権を政府から委任されています。

大使に準ずるのは「公使」というポストで、やはり在外公館の責任者として赴任しています。公使は、地位的には大使に次ぎ、席次や儀礼には違いはありますが、その職務と外交官特権（治外法権）には違いはありません。駐在国の政府と外交交渉をしたり、その国に滞在する日本国民の生命、財産、利益を保護するのが仕事です。

大使館のほか、大きな国には、いくつかの都市に総領事館が置かれています。たとえば、アメリカにはニューヨーク総領事館など、総領事館と領事館が多数置かれています。

総領事館や領事館のそれぞれのトップが「総領事」や「領事」です。総領事や領事は、大使や公使と違って、国を代表する外交使節としての地位を持っていません。駐在国政府と直接交渉することはできず、そうした必要がある場合は、外交使節である大使などを通じて行う必要があります。

総領事館や領事館の仕事は、おもに日本人の保護。たとえば、日本人旅行者が犯罪に巻きこまれたり、交通事故でケガをするなど、トラブルがあったさいに面倒をみます。さらに、現地の日本人団体と連絡をとりあい、日本人が安全に活動するための環境づくりをすることなどが、その任務です。

ちなみに、大使は、相手国に派遣されるだけでなく、各種国際機関に派遣される大使もいます。現在、国連や欧州連合（ＥＵ）などに大使が派遣されています。

国の公共事業の大半を担う――国土交通省

国土交通省は、旧建設省、旧運輸省、旧国土庁、旧北海道開発庁が合併して生まれた巨大官庁。合併前の各省庁の業務を引き継いで、全国の都市開発、交通整備、河川政策、道路整備、住宅行政、建築行政、鉄道整備、自動車・海運・船舶・港湾・航空等の事業の所管など、さまざまな業務を担当しています。

その所管範囲からもわかるように、同省は公共事業の大半を担っています。もともと、建設省と運輸省は、巨額の公共事業を行ってきた役所であり、その2つが合併したので、国の公共事業の約80％を国土交通省が所管することになったのです。

その国土交通省は本省自体が巨大であるうえ、さまざまな外局（庁）をかかえています。たとえば、気象庁は同省に所属しています。国土交通省は、もともと運輸省でもあったため、交通機関の安全を守るという仕事を担っています。空や海の交通には、気象の影響が大きいので、現在も同省が気象庁を管轄しているというわけです。

また、海上保安庁も、国土交通省の管轄です。同庁のおもな任務は海難救助、海上交通安全、防災及び環境保全、領海の警備です。同庁も、もともと運輸省が所管していたので、それを引き継いだというわけです。

また、観光庁も同省の外局のひとつ。旧運輸省時代から、観光事業を推進する部署として、「観光部」「観光局」などが置かれてきましたが、２００８年に観光庁に昇格しました。

旧厚生省と旧労働省は、なぜ一緒にされているのか――厚生労働省

厚生労働省は、かつての厚生省と労働省が合併して生まれた省。じつはこの２省、戦前は同じ内務省の一部でした。それが、１９３８年（昭和13）、まず内務省社会局が厚生省として独立、戦後の１９４７年（昭和22）に、厚生省労働局が労働省として独立し、２つの省に分かれていました。そのため、両省の合併は元の鞘に納まったともいえます。

同省の守備範囲も、多岐にわたっています。年金、健康保険、医療、食品、子育て、就職、労働、介護、障害者など、「人の誕生から雇用、老後の保障まで」すべてに、その政策範囲はおよびます。

同省は、年金制度改革、雇用対策など、重要な案件を一手に抱えることになり、業務は膨大な量にのぼっています。このままでは身動きがとれないので、再び分割

が必要ではないかという声も上がっているくらいです。

防衛省の背広組と制服組の本当の関係——防衛省

自衛隊員は、法的には「防衛省職員のうち、自衛隊法によって、自衛隊の隊員とされている人」を指します。そのため、自衛隊員は（広義の）防衛省職員に含まれます。

そのため、防衛省職員は、マスコミ用語的にいうと、「背広組」と「制服組」に分けられます。「背広組」は本省に所属する事務官のこと。トップは他の省と同様、事務次官です。一方、「制服組」は、自衛官として採用された人たちのことで、そのトップは統合幕僚長です。

両者の関係は、背広組が予算や政策を決定し、制服組を監督することになっています。具体的には、自衛隊の予算や人事、武器調達を考えるのが背広組で、それに基づいて制服組が自衛隊を運営するというわけです。

このように、背広組が優位となった背景には、戦前、軍部の暴走を許したという反省があります。シビリアン・コントロール（文民統制）の原則から、あくまで日本の防衛政策を決めるのは、背広組の仕事というわけです。

霞ヶ関では異色の世界――法務省

法務省は、戸籍、登記、出入国管理、そして検察や公安調査庁を管轄する省。その仕事は、法務省の組織別にみていくとわかりやすいでしょう。

まず、民事局では、民法、商法、民事訴訟法などの制定、登記、戸籍など、国民の権利を保護する制度に関する事務を行っています。

刑事局は、刑法、刑事訴訟法などの制定や、犯罪人の引き渡しなど国際捜査に関することを行っています。

矯正局は、刑務所、少年院、拘置所など矯正施設を管轄。保護局は、執行猶予、保護観察付きになった人、また、仮釈放になった人たちに関する事務を行っています。

人権擁護局は、人々の人権を守るために相談窓口を設けるなどの対策を行い、出入国残留管理庁は、日本人や外国人の出入国審査をはじめ、日本に在留する外国人の管理などを行っています。

そして、法務省には検察庁が付属しています。検察は、警察から送致された事件を起訴し、公判を進めるのが役目です。

ここで、普通とは違っているのは、通常、本省と付属機関では、本省のほうが格上になります。ところが、法務省では、その関係が逆転しているのです。たとえば、事務次官は他省庁では組織のトップですが、法務省では事務次官は組織のトップではなく、その上に検察庁の最高検検事総長や東京高検検事長がいるのです。その意味で、法務省は、霞ヶ関では異色の世界といえます。

また、法務省には、外局として公安調査庁が所属しています。同庁は、テロを起こす可能性のある組織などを調査し、危険と判断すれば、活動を規制する処分を公安審査委員会に提言することができます。

検察と警察はどう違うのか

ここで、「検察」と「警察」の違いについて、述べておきましょう。どちらも、犯罪を防ぎ、犯罪者を罰するための組織という点では同じですが、求められる役割は違っています。簡単にいえば、一部の例外を除いて、容疑者を捕まえるまでが警察の仕事、捕まえたあとが検察の仕事です。

まず、警察は、事件が発生すると、捜査し、容疑者を割り出し、逮捕します。その後、警察は、逮捕した容疑者の身柄または書類を検察庁に送致し、検察庁は裁判にかける必要があると判断すれば、容疑者を起訴します。犯罪容疑が軽微なものだったり、容疑が不十分なときには、起訴猶予にして容疑者を釈放します。

また、容疑者を起訴後、刑事裁判で、その犯罪に見合う量刑が下されるよう、法廷で弁護士と争うのも検察官の仕事です。

ただ、検察は、直接、犯罪捜査を行う場合もあります。たとえば、東京地検特捜部が政治家がらみの汚職を摘発し、それが政局を大きく揺るがすことになります。2024年、与党が衆議院で過半数を割ったのも、東京地検がパーティ券裏金問題を摘発したことが発端となっています。

なお、警察は、国家公安委員会という組織によって、監督されています。同委員会は、委員長と5人の委員からなる組織で、制度上は、この委員会が警察機構のトップに位置します。

ただ、そのわりには、国家公安委員会の名前をマスコミ報道などで目にすることはほとんどないでしょう。それは、この組織やその委員らが、お飾り的な存在であることと関係しています。同委員会は事実上、警察庁の方針を追認するだけで、同委員会が警察行政をリードした話など、ほぼないといっていいでしょう。

「省」と「庁」の違いをひと言でいうと？

これまで述べてきたように、中央官庁には「省」と「庁」がありますが、両者はどのように違うのでしょうか？

制度的には、省は「内閣の統括の下に行政事務をつかさどる機関」として置かれるもの。そのトップは、国務大臣が務める、と定められています。

一方、「庁」は、「省」の外局として置かれるもので、そのトップは「○○庁長官」で、必ずしも国務大臣を置く必要はありません。つまり、「庁」は「省」より、格が下というわけです。

また、「庁は省の外局」と述べましたが、「外局」とはどういう意味でしょうか？

外局は、各省の業務の量が膨大な場合などに、専門性が高い業務を内部部局から切り離して行う組織を指します。

たとえば、金融庁や消費者庁は内閣府の外局。海上保安庁は国土交通省、消防庁は総務省、文化庁は文部科学省の外局というように、「庁」は専門的な分野を所管しています。

ただし、外局といっても、庁が省よりも、組織規模が小さいとは限りません。たとえば、財務省の外局である国税庁では、財務省本省をはるかに上回る人数の職員が働いています。

外から見えない官僚の実像

この項からは、霞ヶ関の主役である「官僚」について、お話ししていきましょう。

「官僚」は法律用語ではないので、明確な定義はありませんが、一般には、国の政策決定に影響力をもつ「国家公務員」を指します。公務員のなかでも、財務省や経済産業省といった中央省庁で働く公務員たちのことです。

さらに、細かくいうと、中央省庁の国家公務員採用試験は、総合職と一般職に分かれていますが、「官僚」と呼ばれるのは、同試験の総合職のなかでも、法律・経済・行政区分に合格した「キャリア」組たちです。彼らは入省後、「ノンキャリア」をはるかに上回るスピードで出世し、課長までの出世はほぼ約束されています。

キャリアとノンキャリアで出世速度にどれくらいの違いがあるかというと、たとえば警察官の場合、キャリアは警察庁入庁時にはすでに警部補、1年2か月後には警部になります。それから3年後、年齢でいえば20代半ばには警視になるといった具合です。

一方、都道府県採用の普通の警察官は、巡査からスタートし、昇進するには、そのたびごとに昇任試験を受けて合格しなければなりません。無試験で自動的に昇進できるキャリア組とは、大きな違いです。昇進にかかる期間は、おおむね巡査部長で1年から4年、次の警部補は2年から7年、さらにその先の警部となると6年から11年はかかります。次の警視にまでなれる人はごく少数で、なれたとしても45歳ぐらいからです。

では、なぜ日本の官庁には、キャリア制度が設けられたのでしょうか？

そのルーツは、明治時代にまでさかのぼります。明治政府は、ドイツの公務員制度を参考に、「文官試験試補及見習規則」を作りました。それに基づき、1888年（明治21）から、奏任官（今でいうキャリア）には高等試験、判任官（今でいうノンキャリア）には普通試験を課すようになりました。

ただし、奏任官は、帝国大学の卒業生だけは、無試験での任用が認められていました。当時は、帝国大学卒業生を積極的に採用し、足りない人数をそれ以外から試験により選抜するシステムだったといえます。

やがて、帝国大学卒業生のみを特別扱いすることに批判が集まり、それを受けて「文官任用令」と「文官試験規則」が作られ、1894年（明治27）からは、高等文官試験（高文試験）の合格者のみ、幹部候補生として任用されることになりました。

一見、誰もが平等に幹部候補生になれる仕組みに変わったようですが、実際にはやはり帝国大学卒業生に圧倒的に有利な制度でした。予備試験が免除されるうえ、試験委員は帝国大学の教授のみがなったのです。試験内容も法律知識中心で、帝国大学のなかでも、とくに法学部出身者に有利なものになっていました。

その後、太平洋戦争に敗れると、日本の公務員制度はＧＨＱの指示により、改革が求められます。

そのさい、ＧＨＱは高等文官試験の廃止、上級官吏と下級官吏の身分制の廃止などを行おうとしましたが、官公庁労働組合などの激しい反発により、不徹底なものに終わりました。

高等文官試験も、国家公務員上級職試験を経て、今は国家公務員総合職試験と名前が変わってきましたが、その採用・昇進システムは昔とほとんど変わっていません。要するに、高等文官試験の合格者を高等官と呼ぶ代わりに、上級職、Ｉ種合格者、総合職職員などと呼び方を変えながら、特権的な幹部候補生として採用してきたというわけです。

なお、「国家公務員」という言葉は、官僚よりも意味の広い言葉で、官僚を含め、中央省庁で働く全職員を指します。字義的には、「官」と「僚」はともに「つかさ」と訓読し、本来は「官」は上級役人、「僚」は官に雇われる人々を意味します。

官僚は、どんな仕事をしているのか

官僚の主要な仕事は、法律案の作成、そしてその執行です。法律を制定するのは国会ですが、大半の法案は官僚によって書かれています。そのためには、官僚は資料を読みこんで草案を書き、条文に落とし穴がないか、過去の法律と矛盾点がないかなどを調べています。

そして、国の予算を作るのも、官僚の仕事で、ほぼ1年がかりで作成されています。まず、内閣府に設置された経済財政諮問会議（議長が内閣総理大臣で、有力閣僚や民間経営者、学者などによって構成される）で基本方針を作り、その方針に基づいて予算編成作業が各省ではじまります。

まず6月頃、各省庁の部局は、翌年の経費を見積り、省庁内の会計課に提出します。8月になると、各省庁の会計課では、概算要求書を財務省に提出します。そこから、財務省と各省庁の担当者の話し合いがはじまり、9月、財務省が査定案を作ります。その査定案をもとに、各省庁と話し合ったり、内部で会議が繰り返され、

12月に財務省原案ができあがります。

その財務省原案をもとに、各省庁と財務省の復活折衝が行われ、最終的には省庁の大臣や長官が出てきて、いわゆる大臣折衝が行われます。

これで、ようやく政府の予算案（政府原案）ができあがり、新年になると、1月に予算案が国会に提出され、予算委員会を舞台に国会で審議されます。

そして、衆議院予算委員会を通ると、衆議院本会議で採決され、参議院に回されます。そこで可決されると、予算は成立というわけです。

予算に関する話が長くなりましたが、その他、官僚は、補助金や交付金の交付などを通じて地方自治体の政策をチェックしたり、行政指導や許認可によって民間企業をコントロールしたりもします。

また、国会開催中は、閣僚の答弁作りも官僚の仕事です。国会で質問する議員は、前日の夕刻までに質問内容を通告することになっており、その答弁の骨格を担当省庁の官僚が作ります。大臣は、ほとんどの質問に対して、官僚の作成した骨格をもとに国会で答弁しています。

許認可権って、何をどうすること？

各官庁は、民間などの活動に関して、さまざまな「許可」と「認可」の権限を握っています。合わせて「許認可権」と呼びます。

まず「許可」は、役所が国民に「これをしてもいい」と許可を与える権限で、代表的なものに運転免許や医師免許などがあります。もし、役所の許可を受けないでその行為をすると、罰を与えられます。

一方、「認可」には、鉄道運賃や航空運賃の認可、公共料金の改定などがあります。たとえば、鉄道会社が役所の認可を得ることなく、料金の値上げを発表しても、それは無効です。

それだけに、各業界は、役所の認可をとるためにさまざまな努力をしています。そこに癒着の原因があり、役所は許認可権を盾にして官僚の天下り先を用意させたり、金銭的な便宜をはからせたりといったことが、半ば公然と行われてきました。

いわば、許認可権は省庁にとっての最大の〝利権〟といえ、数多くの許認可権をもつ経済産業省、国土交通省、農林水産省、財務省、厚生労働省は「利権官庁」とも呼ばれてきました。

そうした許認可は、企業や個人の自由な行動を阻害し、経済を停滞させる原因にもなりますが、省庁が自らの利権を自発的に手放すわけもなく、これまで「規制廃止」ではなく、「規制緩和」でお茶を濁されてきました。規制を廃止すれば、官僚の利権はなくなってしまいますが、緩和であれば、従来のルールは変えるにしても、新たに「緩やかなルール」を設けることになるわけで、役所の利権は消滅しないからです。

政令、省令、通達、行政指導の裏側はこうなっている

日本では、法律に書かれているのは大まかなところで、運用上の細則は法律には書かれていません。

それを補うのが「政令」や「省令」といった細かな規則です。日本の法律の場合、「政令の定めるところにより」とか「法務省令で定める日までに」といった表現で、

肝心な部分を政令や省令にまかせている場合が多く、そこにも官僚の権限が強くなる原因があります。「政令」や「省令」は、国会審議の必要はなく、官僚が勝手に書けるからです。

それらの細かな規則には、大きく分けて、内閣が発令する「政令」と、各省が発令する「(内閣府の) 府令」や「省令」があります。

さらに、役所の上級機関が下級機関に向かって出す文書は「通達」と呼ばれます。政令や省令は、官報によって一般国民にも知らされますが、通達は行政内部のことなので、国民は知らないままになっている場合が少なくありません。

さらに、理解しにくいのが「行政指導」です。これは、各省庁が必要に応じて、関係業界に指導項目を伝えるもので、法的な拘束力はないので、罰則を伴いません。しかし、昔ほどではないにせよ、それに従わないと、役所からその業界や企業にしっぺ返しが来るのは確実です。

というわけで、政令・省令・通達・行政指導は、各省庁、官僚、役人が国民や経済に対する支配力を強めるための手段になっているのが実情です。

公務員の守秘義務って、何を守っているの？

官僚に限らず、国家公務員は、国の重要機密から個人の犯歴や収入といったプライバシー情報まで、さまざまな情報を知る立場にあります。

そこで、国家公務員法第１００条には、「職員は、職務上知ることのできた秘密を漏らしてはならない。その職を退いた後といえども同様とする」と定めています。

これが、国家公務員の「守秘義務」です。違反して秘密を漏らせば、「1年以下の懲役または50万円以下の罰金」と国家公務員法で定められています。

これですめば、情報を売ったりすることによって得る利益のほうが大きいように思えますが、守秘義務に違反して処罰されると、まず懲戒免職となります。退職金は出ず、組織に迷惑をかけたのですから、天下り先も斡旋《あっせん》してもらえません。

法律的な罰則だけではなく、こうした目に見えないプレッシャーがあってこそ、官僚の守秘義務は守られているといえます。

お役所は、なぜ〝事なかれ主義〟になってしまうのか

公務員は、新しいことに手をつけるのを嫌うもの。「前例がない」がその場合の常套句で、「事なかれ」こそベストと考えるのが、役人の思考回路といえます。役人が事なかれ主義になる背景には、彼らの身分が民間よりもはるかに手厚く保障されていることがあります。

民間企業では、結果を出せなければ、クビになったり、降格させられるおそれがあります。しかし、役人の場合、そのような理由で降格や免職などの処分を受けることはありません。処分されるのは、法律あるいは規則を破った場合に限られます。

公務員の身分が、そのように保障されているため、彼らは与えられた仕事を休まず遅れずこなしていれば、安泰な暮らしを送れます。下手に新しいことに手をつければ、同僚たちの仕事を増やすため、組織内で総スカンを食らうことになりかねないのです。さらに、役人は、とにかく縄張り意識が強い。何か新しいことをしようと思えば、多少なりとも他の部署の縄張りをおかします。すると、激しい抵抗を覚

悟しなければならないのです。

というわけで、国民のため、何か新しいことに手をつけても、役所内での高評価にはつながりません。そういう内在論理によって、大半の役人は与えられた仕事だけをこなし、安泰な日々を送ろうとするのです。

「官僚は失敗しても、責任をとらなくていい」の裏側

官僚は、失敗の責任はとりません。じっさい、財政政策や金融政策が失敗を繰り返しても、それが理由でクビになった官僚は、この35年の経済低迷が続いた間、1人もいません。

また、薬害など、重大な事件が生じても、官僚はほとんど責任をとりません。その理由のひとつに、人事異動のローテーションが短いことがあります。とりわけ、キャリア組は、2年ほどのサイクルでポストを移っていきます。そのため、ひとつの政策の立案から実施まで1人で担当することはありえないのです。

そうなると、実施の段階で失敗しても、「計画がよくなかった」と前任者の責任

にすることができます。前任者にしても、「いや、実施方法がマズかった」と後任者に責任を押しつけることができます。

たとえ、自分に責任があるのが明らかでも、「あれは時期が悪かった」、「当時は予測不可能だった」と弁解し、責任を回避しようとします。結局、「誰の責任か」と役所のなかで追及されることはなく、責任の所在はウヤムヤのままに終わってしまうのです。

むろん、官庁が国会や国民に対して、失敗の責任を認めることは、さらにありえません。責任を認めれば、誰かが責任をとらなければなりません。それを避けるため、官僚たちは絶対に失敗を認めません。誰の目にもムダとみえる公共事業も、それをストップすれば、失敗を認めたことになってしまうので、何とか理由をつけて事業を継続しようとするのです。

官僚と族議員のギリギリのかけひきの構図とは？

政治家には「族議員」と呼ばれる議員がいます。特定の業界と密接な関係を持つ議員のことです。

彼らは、官僚が作った法案に、特定業界にとって望ましくない部分があれば、党の政策部会などを根城にして、反対に回ります。原案をどれだけ業界寄りに修正できるかが彼らの腕の見せどころであり、その腕前が彼らの選挙応援や政治資金集め、パーティ券の売り上げなどに影響してきます。

官僚にすれば、そうした族議員の抵抗をいかに弱めるかが、自分たちの作った法案を成立させられるかどうかの正念場となります。

むろん、国民の代表である国会議員の意見を無視するわけにはいきません。そこで、官僚たちは、族議員に対する説得工作に励むことになります。族議員のもとに足繁く通って、説得を重ねるのです。すると、やがて政治家のほうも、適当なところで手を打たざるをえなくなるのです。

むろん、そういうとき、官僚は政治家に対して、お土産をもっていくことを忘れません。政治家の地元に優先的に予算をつけたり、政治資金集めパーティ券の売り先を紹介したりして、政治家の懐を潤していくのが、これまでの常でした。

省庁の組織は、どうなっているのか

省庁の組織は、基本的に「局」「部」「課」「係」というタテ組織です。お役所は、省庁間だけでなく、省庁内でも、やはりタテ割りなのです。

そうした省庁組織で、政策立案・実施、行政指導、国会答弁の作成などで、業務の中核を担っているのは各「課」です。

おおむね、「課長」は、全体として構成員10人以上の課を統括する責任者で、自分の課で担当する事務を統括し、管理職として部下を指揮監督するのがその任務です。

課長に就任するのは、大半がキャリアです。キャリアの課長は、部下であるノンキャリアの係長や課員を指揮しながら、仕事をこなします。

ただし、日本の省庁では、キャリアの課長は1～4年周期で異動していきます。中央官庁の基本的な人事方針は、キャリアはゼネラリストとして育てることにあるため、キャリアが課長ポストについたとしても、その課の業務に精通しているわけではありません。むしろ、その課に長く在職するノンキャリアの課長補佐や係長のほうが、業務には精通しています。したがって、施策の立案や実施は、課長補佐や係長が担当しているのが実情です。

じっさい、課長は、国会議員や民間団体の会合に招かれたり、根回しにまわるなど、対外業務に忙しいので、法律や制度を検討して形にする作業は、課長補佐や係長の役割なのです。

その他、各省庁には「審議官」や「参事官」というポストがあります。その役職名では、どれくらいえらいのか、よくわからないポストですが、一般的に、これらの役職は、審議官は局次長・局長クラス、参事官は課長クラスで、特定事項について専門的に調整する役割を担っています。

大臣官房の役所内での位置づけを知る

「大臣官房」は、大臣の仕事をサポートするほか、職員の人事管理、予算配分を行います。

具体的には、省の予算、職員の人事や教育、国会との連絡、広報など多岐にわたります。つまり、省内の人事と予算、そして機密を握る省内の総合調整役といえます。

そのトップの官房長は、普通の会社でいえば、総務部長と人事部長を兼ねたような存在といえます。

おおむね、官房長ポストには、次の次あたりの事務次官と目される同期でトップを走る官僚が座ります。官房長の〝人事権〟は事実上OBにもおよび、各省の官房長は天下り先を決めるのにも中心的な役割を果たしています。

また、若手の官僚も、大臣官房に配属されることが出世コースとされてきました。それは、役所全体の業務を見渡すことができるからです。そして、省の内部事情や人事についても詳しい情報を握ることになり、また国会議員らとの人脈もしぜんに広がっていきます。

そして、中堅官僚となり、「官房三課長」と呼ばれる秘書課（人事課）長や総務課（文書課）長、会計課長を経験すれば、出世街道をまっしぐらということになります。

都道府県知事には一体どんな権限があるのか

ここからは、地方自治体に目を移してみましょう。まずは、昨今は何かと注目を集めている「都道府県知事」についてです。

「都道府県知事」という役職の歴史をさかのぼると、戦前の知事は、選挙で選ばれるのではなく、中央から派遣される「官吏」でした。戦前の統治機構は、富国強兵を図るため、徹底的に中央集権的であり、事実上、地方自治という概念は存在しませんでした。

しかし、敗戦後、州の権限がひじょうに強いアメリカのリードで、新憲法が制定されたため、日本には地方自治の概念が注入されました。そして、都道府県知事や市町村長は、住民による直接選挙で選ばれるようになったのです。そのなか、知事は中央政府に対してではなく、住民に対して義務と責任を負う地域のトップというように、性格を大きく変えたのです。

そのため、現在の知事は、法律に則っていれば、自由に政策を進める権限を法的には持っています。国ができることは、法的には助言や指導だけです。

ただし、都道府県を含め、地方自治体が国の方針に逆らえるかといえば、それはかなり困難なことです。まず、地方は、財政の6割を国に握られています。日本は地方税よりも国税の割合が多いため、自治体は国から地方交付税や補助金をもらわなければ、予算を組めないのです。知事をはじめ、市町村長が東京に頻繁に出てくるのも、結局は補助金を得るため、中央官庁に陳情するという構図が長く続いてきました。

そういう関係があるため、中央からの〝助言〟に対して、自治体が逆らうのは、かなり難しいことです。

そんなことをすると、その後いろいろと理由をつけられて、補助金をカットされるなどの「仕返し」が待っているからです。

したがって、中央の助言に強制力はないのですが、実質的には命令に近い意味を持ってきました。戦前と同様、「国が地方を指導する」という図式は、程度の差はあれ、現実的には依然存在しているわけです。

また、人事面でも、国の官僚が自治体に出向し、県庁や市役所の要職につくのは、ごく当たり前のことになっています。中央官庁の官僚が知事選や市町村長選挙に出馬して当選するケースも増え、事実上、自治体は中央官僚の天下り先になっています。

というわけで、憲法上は、自主的な運営が認められている地方自治体ですが、現実には中央政府に抗いにくい仕組みが用意されているのです。

知っているようで知らない最高裁判所

ここからは、司法制度、裁判と裁判官について、お話ししていきます。まず、憲法が定めている裁判所は、「最高裁判所」と「下級裁判所」の2種類です。そのうち、下級裁判所は「法律の定めるところにより設置する」とあり、じっさいには高等裁判所、地方裁判所、家庭裁判所、簡易裁判所の4種類の裁判所が設けられています。一方、最高裁判所はひとつしかない、日本の司法の最高機関です。

その最高裁判所には、小法廷と大法廷があり、大半の事件は小法廷（裁判官5人で構成）で審理されます。一方、判例の変更など、重要な判断が求められる場合には、大法廷が開廷され、15人の裁判官全員で審理にあたります。最高裁で行われる裁判は、上告されて下級裁判所から上がってきたケースです。最高裁への上告は年間4000件以上にものぼっています。最高裁が受理し、実質的な審理をするのは、年間数十件程度ですが、それでも却下するかどうかの判断を含めて15人で行うのですから、最高裁判事はきわめて多忙な職業です。

その最高裁の判断は、下級裁判所の判決の基準になります。前例のない案件では、最高裁がどう判断するかが、とりわけ注目されることになります。

最高裁では、そうした裁判の他、司法行政事務という仕事も行っています。これは、民事訴訟規則、刑事訴訟規則、少年審判規則など、司法に関するさまざまな規則を制定する仕事です。

知っているようで知らない下級裁判所

では、下級裁判所（高等裁判所、地方裁判所、家庭裁判所、簡易裁判所）は、どのように運営されているのでしょう？

まずは、高等裁判所です。

日本の三審制では、地方裁判所（または簡易裁判所）→高等裁判所→最高裁判所という流れになっているので、高等裁判所では、おもに第二審を扱います。その高等裁判所は、札幌、仙台、東京、名古屋、大阪、広島、高松、福岡の8つの各地方を代表する都市に置かれています。

最高裁の判事は内閣が指名し、天皇が任命しますが、高等裁判所の判事は、最高裁判所が作成した名簿によって内閣が任命します。裁判所法によれば、高等裁判所の判事になるには、判事補、検察官、弁護士など、法律の専門家として、10年以上のキャリアを有することが必要とされています。

次に、地方裁判所は、全国47都道府県庁所在地と、北海道の函館、釧路、旭川の計50都市に置かれています。その他、203か所に支部が設けられているので、それを合わせると、全国253か所に設置されていることになります。

地方裁判所判事は、高等裁判所判事と同じように、最高裁判所の作成した名簿に従って、内閣が任命します。その資格は、判事補、検察官、弁護士など法律関係の仕事に10年以上従事していることで、これも同じです。

地裁の場合、審理、裁判は、裁判官1人で行う「単独制」が原則です。ただし、重大事件で、死刑または無期懲役、あるいは1年以上の懲役もしくは禁錮にあたる罪などは、合議で行うように定められています。

簡易裁判所は、その名のとおり、日常的に発生する軽微な犯罪を、迅速かつ簡易に処理するための裁判所。全国438か所に設置されています。

簡易裁判所で扱う事件は、簡単にいえば、金額の少ない民事事件と罰金以下の刑事事件。具体的には、建物明渡請求、請負代金請求、売買代金請求、賃料・管理費請求、賃金請求、損害賠償請求などがおもなところです。

家庭裁判所は、家庭（家族間）の問題や少年についての事件を扱う裁判所です。全国の各都道府県庁所在地と函館、釧路、旭川の計50都市に本庁があり、そのほか203か所の支部と77か所の出張所が設けられています。

家裁の扱う事件は、離婚、子どもの認知、財産分与、相続など（これらを家事事件という）、および少年が犯罪に関わったときに、保護観察や少年院送致などの保護処分を決すること（少年事件）などです。

裁判官と判事と判事補はどう違うのか

裁判官は判事とも呼ばれますが、厳密にいうと、両者はすこし意味の違う言葉です。「裁判官」は職業名で、「判事」は役職名と考えるとわかりやすいでしょう。

裁判官になるためには、まず司法試験に合格し、司法研修を受ける必要があります。そして、司法研修を終えると、まず「判事補」に任命されます。その時点では、裁判官ではあっても、まだ判事ではないのです。判事という役職につくには、この判事補を10年間つとめなければならないのです。

細かくみると、司法研修を終えた人は、おおむねのところ、地方裁判所の刑事部または民事部に配属されます。そこで、裁判を担当し、最初の5年間は「未特例判事補」と呼ばれます。

この間は、いわば見習い扱いで、少年事件など一部を除いて、1人で事件を処理することはできません。3人の裁判官で審理を担当する合議体では、「左陪席」として参加します。

経験5年以上となると、特例として判事と同等の権限をもつ「特例判事補」となります。判事と同様、1人で審理を担当し、判決を下すことができるようになります。3人の合議体の1人としても参加し、その場合は「右陪席」をつとめます。

そうして、判事補として10年の経験を積み、ようやく「判事」に任官されるというわけです。

裁判所を支える人々の話

裁判所では、裁判官のほかにも、さまざまな人が働いています。裁判所の業務は、裁判官を中心とするスタッフワークで進められています。

裁判を支えているスタッフをみていくと、まずは裁判ドラマにもよく登場する「裁判所書記官」です。彼らのおもな仕事は、法廷に立ち会い、裁判の記録や書類を作成・保管すること。その他、裁判官の指示によって、法令や判例の調査、資料集めなどを補助します。

次に、「裁判所調査官」という仕事もあります。裁判所調査官は、最高裁判所、高等裁判所、地方裁判所に勤務し、裁判に必要な調査や資料集めを担当しています。なかでも、最高裁の調査官には、下級裁判所の裁判官を10年以上つとめたベテランの判事が就任します。

そのほか、「執行官」という仕事もあります。これは、各地方裁判所に所属し、裁判の「執行」などの業務をおこなっています。たとえば、裁判で借金を返済するよう判決が言い渡されたのに、それが支払われない場合、債務者の財産を差し押さえたうえで売却し、その代金で債権者に返済する、といったような仕事を行っています。

要するに、いわゆる「裁判所の差し押さえ」など、裁判所による強制執行の実行部隊といえます。

4章

株、金融、為替…日本人が知らない経済の現実

そもそも「株」は何のためにあるのか

この章では、株式や為替相場、金融について、お話ししていきます。まずは、株式です。

株式は、そもそもは、企業が必要とする資本を調達するためのツールです。事業を起こすには元手が必要ですが、手元資金が足りない場合もあります。そんなとき、「この事業で儲かれば、利益の一部を配当しますので、出資してください」と、資金を調達するのが「株式会社」であり、そのさい、出資してもらう代わりに発行するのが「株式」です。

もちろん、資金を銀行から借りるという方法もあるのですが、銀行はこれから設立するような実績のない会社には、まず必要な資金を貸してはくれません。

そこで、株式による資金調達が行われるわけです。出資者は、お金が確実に戻ってくる保証はなくても、銀行に預けるよりは大きなリターンを得られる可能性を狙って、出資するというわけです。

また、株式には、小口の出資を可能にするという使い勝手のよさがあります。株主の数を増やせば、1人当たりの出資額が少なくなるので、出資者を募りやすくなるのです。1人から1000万円出資してもらうよりは、10人から100万円ずつ出資してもらうほうが、資金を集めやすいというわけです。

株式会社を起こそうとする人は、そのようにして株式を発行して資金を集め、その株式会社のごく一部が証券取引所に株式を上場し、市場で売買されているというわけです。

「株式」のルーツをひもとく

株式のルーツをめぐっては、いくつかの説があります。

まずは「古代のキャラバン隊」説です。シルクロードが通じた時代、複数の商人が契約を結んで出資し、交易用のキャラバン隊を組織していました。

次いで、中世ヨーロッパには、複数の商人が交易船に出資し、航海で得られた利益を分配するという制度がありました。

ただ、株式を「多数の人々から資本を集めるために発行する証券」と定義すれば、最初に発行したのは、17世紀のオランダ東インド会社です。この会社が世界初の株式会社だったというのが通説になっています。

同社が設立されたのは、1602年、日本でいえば関が原の戦いの2年後のことです。オランダは当時、世界帝国だったスペインと対立し、スペインによる貿易制限や船舶拿捕《だほ》などの圧迫に苦しんでいました。そんななかでも、オランダは独自のアジア航路を開き、ジャワ島を中心とした東南アジアとの取引を本格化させていました。その取引を拡大するため、政治家のオルデンバルネフェルトが複数の商社をまとめ、オランダ東インド会社を設立したのです。

それまでのヨーロッパでは、航海ごとに出資者を募っていました。そして、その船が香辛料などを運んで無事に帰還し、利益が出ると、出資者に分配していました。しかし、船を建造するにしても、事前に莫大な資金が必要ですし、航海に出れば、遭難したり、スペイン船に拿捕されることもありました。そのため、大金を出資しても、利益を得られないことがよくあったのです。

そこで、オランダ東インド会社では、一人ひとりのリスクを小さくするため、なるべく多くの人に出資してもらうようにしました。そのとき、出資者に対して発行した証明書が、世界初の「株券」だったということになります。

株価はどのようにして決まるのか

上場株の値段は、じつにさまざまです。1株何万円もする株があるかと思えば、倒産寸前で1株数円という株もあります。

その株価は、基本的には、その企業の業績と資産によって決まります。企業の理論的な株価を計算するのは、そう難しいことではありません。会社の資産から借金を差し引き、それを発行済の株式数で割れば、1株当たりの資産価値が計算できます。また、その企業の利益を発行済の株式数で割れば、1株当たりの利益も計算できます。それらの数字から、理論的な株価を求めることができ、今はネットの株式サイトなどで簡単に知ることができます。

しかし、現実の株価は、しばしばそうした理論的な株価から、かけ離れた値段をつけます。投資家の思惑によってときに株価は高騰し、理論的には1000円程度の株が5000円にもなったり、その逆に300円あたりで低迷していたりすることもあるのです。

そうなる理由のひとつは、投資家は企業の「現在の価値」に対して投資するのではなく、企業の「未来の価値」に対して投資するからです。今、その企業がさほど利益を上げていなくても、投資家は今後、成長すると思えば、今のうちに株を買っておこうと思います。そんな投資家が多くなると、株価は大きく上がります。

一方、その企業が今は儲かっていても、投資家が先行きに不安を感じれば、株を売りはじめ、株価は下がります。そうして、株価は、理論的な価値を離れて、刻一刻と動き続けるのです。

日経平均株価には、どんな意味がある?

株価にはいろいろな指標がありますが、代表的なものは、日経平均株価とTOPIX(東証株価指数)の2種類です。この2つの指標をみれば、今の株式市場がどんな状態か、だいたいのところが、わかります。

日経平均とＴＯＰＩＸの違いは、その計算方法にあります。日経平均は、各業界を代表する企業を２２５社、ピックアップし、その株価の動きを指標化した数字です。一方、ＴＯＰＩＸは、東証上場企業を広く対象としています。

日経平均やＴＯＰＩＸが重要なのは、単に株価の動きがわかりやすくなるということだけではありません。マネー経済が大きくなるにつれて、日経平均などが日本経済を引っ張る力も大きくなりました。日経平均が上昇すると、事業家や投資家は日本経済は好調だと感じます。すると、投資への意欲が生まれ、個人もそれを実感し、消費にも火がつきます。

アメリカの株価が下がると、日本の株価も下がる事情

アメリカの株価が下がると、ほとんどの場合、日本の株価も下がります。その背景には、この35年間、アメリカ経済が順調だったのに対し、日本経済は不調で、両者の経済的力関係に大差が生じたことがあります。

具体的にいうと、アメリカは、個人も法人も、余裕資金の多くを株式で運用して

いる国です。そのため、株価が下がると、とたんに消費が落ち込むのです。

すると、日本の輸出産業は対米輸出で稼ぎにくくなり、業績を落とします。そうして輸出産業の株価が下がれば、他の企業の株も連れ安するというわけです。

そうして、アメリカの株価が下がると、ほぼ自動的に日本の株価も下がるようになったのです。この35年の低迷のなか、日本は株価までアメリカに追従するようになったというわけです。

機関投資家って、誰のこと？

経済記事には「機関投資家」という言葉がよく登場します。機関投資家は「個人投資家」の対語で、機関（組織）の資金で投資をする組織を指します。

そうした機関には、銀行、生命保険会社、損害保険会社、企業、投資顧問会社などが含まれます。機関投資家の投資額は、個人投資家のそれよりもはるかに巨額であるため、その動向が株価や債券価格に大きな影響を与えるのです。

機関投資家が株式や債券の売買をするのは、むろん余裕資金を運用するためです。

余裕資金があるとき、ただ銀行に預けているのではもったいないので、その資金により多くのリターンを生ませるため、株式などに投資しているのです。

そもそも、生命保険会社や損害保険会社は、投資が最大の収益源です。生保や損保は毎月、加入者から掛け金の支払いを受けていますが、それをただ預金しているだけでは、企業の維持コストや支払いコストをまかなえません。また、余裕資金をうまく運用して、含み益を積み上げておくことが、保険金の支払い能力への信用を生み出します。

しかし、相場はあくまで水もの。投資のプロが運用を担当している機関投資家といえども、いつも勝ち組に回れるとは限りません。実際、日本のバブル崩壊時やリーマンショックのときには、多くの機関投資家が莫大な含み損を抱え、経営破綻する会社も少なからずありました。

日本銀行の3つの役割

この項からは、しばらく日本銀行（日銀）の役割を中心にお話しします。日銀はわが国の中央銀行であり、銀行とはいうものの、その役割は普通の銀行（市中銀行）とはまったく異なっています。

その業務は、大きくは次の3つに分かれます。

・「発券銀行」としての業務
・「銀行の銀行」としての業務
・「政府の銀行」としての業務

まず、「発券銀行」としての仕事は、どれだけのお金（通貨）を市中に出すかを決定し、実行することです。理論的には、日銀がより多くのお金を発行すれば物価は上がり、発行を絞ると物価は下がります。そのコントロール（通貨供給量の調節）が、日銀の重要業務なのです。

次に、「銀行の銀行」としての役割は、都市銀行や地方銀行にお金を貸し出すことです。日銀は、個人や普通の企業に直接、お金を貸すことはありません。日銀は市中銀行にお金を貸し、それを市中銀行が個人や企業に貸し出して、世の中にお金が出回るという仕組みになっています。

日銀の第三の仕事は、「政府の銀行」としての役割です。政府は、日銀に当座預金口座を開設し、その口座を通して支出入を決済しています。たとえば、公共事業の費用を建設会社に払う場合も、その当座預金口座を通して行っています。

なお、日本銀行は、ニホン銀行とも、ニッポン銀行とも読みますが、紙幣には「NIPPON　GINKO」と印刷され、日本銀行内では「ニッポンギンコウ」と呼ばれているようです。

日銀の金融政策と世の中を流れるお金の関係

日銀の「金融政策」は、簡単にいえば、日銀がどれだけのお金を世の中に出すかということ。日銀が大量にお金を出せば、企業や個人はお金を借りやすくなって、景気が刺激されます。逆に、景気が過熱気味のとき、日銀が通貨供給量を絞ると、経済活動は鈍化し、景気に水がさされます。このように、日銀は、通貨供給量をコントロールすることによって、景気をコントロールしようとするわけです。

では、なぜ、お金を増やすと、経済活動が刺激されるのでしょうか？　これは、理論的には、次のようなメカニズムが働くためです。

まず、不景気のときは、日銀は市中銀行に貸し出すお金を増やし、同時に貸し出し金利を下げます。すると、市中銀行は日銀からお金を借りやすくなり、手元資金が潤沢になります。市中銀行は、その資金を企業や個人にどんどん貸し出そうとします。そのさい、市中銀行が日銀に払う金利が低くなっているので、銀行は企業や個人に低金利で貸し付けることができます。すると、企業や個人も、金利負担が少なくなり、比較的楽にお金を借りられるようになります。

その結果、企業は、設備投資したり、新たな社員を雇いやすくなったりします。個人も手元資金が増えれば、それが消費に結びつきます。そして、モノが売れることによって、企業活動がさらに活発になるという好循環がはじまるのです。

ただし、日本経済では、長らくこの好循環が起きませんでした。日銀が金利を下げに下げて、ついにはゼロ金利に達しても、景気は低迷し続けたままでした。日銀は、かつては禁じ手と呼ばれた手段まで使って景気浮揚策を図ってきましたが、それでもうまくいかなかったのが日本経済の現状なのです。

日銀短観ってそもそも何？

ときおり、「日銀短観」という言葉が新聞紙上（とりわけ日経新聞）を騒がせます。これは、正式には「全国企業短期経済観測調査」という調査で、日本銀行が国内企業を対象にアンケートを実施し、その結果を発表するものです。調査は年4回行われ、4月、7月、10月、12月に発表されます。

そのアンケート対象となった企業数は、2024年6月の調査では、9076社。その回収率は99・2％にのぼるという大調査です。それだけの数の企業経営者の生の声を集め、そこから日本経済の現況を分析しようというわけです。

この調査は、アンケート回収から結果発表までが速いこともあって、日本企業の動向と景気動向を探るうえで、最も重要なデータとなっています。その分、株価や為替相場にも大きな影響を与えます。外国のエコノミストやアナリスト、ディーラーたちにも、Tankanの名でよく知られ、発表時には大いに注目を集めます。

具体的には、この調査では、「計数調査」と「判断調査」という2種類の調査が行われます。計数調査では売上高などを尋ね、判断調査では「業況をどう判断しているか」を各企業に尋ねます。

判断調査では、業況をどう見ているかを「良い」「さほど良くない」「悪い」から選択してもらい、「良い」と答えた企業の割合から「悪い」と答えた企業の割合を差し引いて、「業況判断指数」を算出します。その指数の動きから、日本の企業全体が調査時点で景気動向をどうみているかを調べるわけです。

この業況判断指数は、日銀短観のなかでも、最も注目されている数字です。そこには、日々経済活動に取り組んでいる企業経営者たちの切実な判断が詰まっていて、その後の景気動向を占うには有力な材料になるからです。

銀行はどのようにして生まれたか

ここで、市中銀行の歴史を振り返っておきましょう。その第1号と呼べるものは、中世末期のイギリスに生まれました。当時の主要な決済手段は金（ゴールド）であり、商取引が活発になると、多額の金を手元に抱える人も現れました。そうした富豪たちは、金を手元に置いておくと危険だと思い、当時、ロンドンで最も頑丈な金庫を持つといわれた金細工商のゴールド・スミスに預ける人が増えました。引き受け手のゴールド・スミスは、富裕層から金を預かるさい、預かり証を発行するようになりました。やがて、ゴールド・スミスは、自社の金庫内の金が一定量を下回らないことに気づきます。ある金所有者が金を引き出しても、他の人が金を預けに来るので、金庫のなかの金は一定量を保っていたのです。

そこで、ゴールド・スミスは、預かった金の貸し出し運用をはじめます。こうして、「人からお金を預かって、それを別の人に貸し出して利子をとる」という、現在の銀行に通じるビジネスモデルが生まれたのです。

外国為替をひと言で説明すると?

「外国為替」の後ろの二文字「為替」は、金融機関を通じたお金のやり取り全般を指す言葉です。たとえば、ネットショップの代金も銀行を通じて決済すれば、為替を利用したことになります。家賃や公共料金の口座引き落としも、為替を使って行われています。為替を使えば、日本全国どことでもお金のやり取りをできるわけですが、その海外版が「外国為替」といえます。違う国同士の個人や企業が、外国為替を利用して、国境と通貨の壁を越えて、お金をやり取りしているのです。

外国と取引するときは、使用通貨が異なるため、通貨を交換・統一する必要が生じます。たとえば、日本企業が米国企業と取引するときは、日本円をUSドル（もしくはUSドルを日本円）に替える必要があります。そこで、日本円と外国通貨を交換することが外国為替の主要な役割となります。

この外国通貨との交換レートは、日々、いや秒単位で変化しています。ご存じのように、つい数年前まで1ドル＝100円前後だったものが、今は150円前後になっています。その交換レートは、次項で紹介する外国為替市場での取引によって決まってきます。

外国為替市場って、どこにあるの？

外国為替の取引は、いわゆる「外国為替市場」で行われています。ただし、この

「市場」は、株式の証券取引所のように、どこか1か所の建物内にあるというわけではありません。

では、どこにあるのかといえば、昔は電話回線、今はコンピューター回線のなかといえます。外為市場での通貨取引に参加しているのは、機関投資家や為替ブローカー、各国の中央銀行などの「プレーヤー」。それらの組織に属するディーラーたちが、コンピューターや電話を通じて取引をしているのです。

その中心的なプレーヤーは、市中銀行です。銀行は銀行同士で取引し、また法人や個人のお客相手にも通貨を交換しています。

銀行にとって、外国通貨との交換は、手数料を稼ぐだけでなく、為替リスクを分散するうえでも重要です。たとえば、すべての資金を日本円で持つなど、ひとつの通貨に資産を集中させていると、その通貨が暴落したとき、銀行は大きな差損を抱えることになります。そうならないため、銀行はさまざまな通貨を保有し、為替リスクを分散しているのです。

一方、外為ブローカーは、そうした取引を仲介しています。ある銀行がドルを売って円に替えたいというとき、銀行だけでは取引相手を見つけられないことがあります。そんなとき、銀行は外為ブローカーに希望レートとロット（交換したい金額のこと）を伝え、ブローカーは銀行の希望に沿った相手を見つけてくるのです。

なぜ、為替レートは刻々と変動するのか

為替レートは時々刻々、変化しています。午前中の取引では1ドル＝150円前後で推移していたかと思えば、午後には152円前後で取引されるといった具合です。

むろん、それはドル円に限った話ではありません。ユーロや英国ポンドなど、他の主要通貨の交換レートも刻々と動いています。

では、交換レートは、どのような理由で動くのでしょうか？　そこには、株式同様、じつにさまざまな要因と思惑がからんできます。

もとはといえば、外国為替は輸出入決済に使うものであり、おもに各国間の貿易動向に左右されるものでした。たとえば、ある国の輸出が増え、貿易黒字が拡大すると、その国の通貨は上昇傾向になりました。

日本の場合だと、国内企業が対米輸出を増やすと、その売り上げはドルで入ってきます。国内企業はそれを円に替えて、国内での支払いを済ませます。そのさい、ドルを売って円を買うため、円高が進むことになったのです。逆に、貿易赤字が増えると、通貨は下がるものでした。

しかし、現代では、そうした「実需」よりもはるかに巨額の通貨が外為市場で取引されています。貿易よりも、為替取引で利ざやを稼ごうとする投資家の思惑が為替相場を左右するようになっているのです。

投資家は、経済情勢や政策の変化を見て、思惑で外貨を売ったり買ったりします。たとえば、今後、円が安くなりそうだと思えば、投資家はその先回りをして円を売り、ドルを買います。そう予測する人が増えるだけで、円はどんどん下がっていくのです。

政府・日銀の市場介入のニュースがもつ意味

為替レートは、ときには激しく動きます。そんなとき、各国の中央銀行は、市場に介入して激変を緩和します。たとえば、円安が急激に進行したときには、日銀はドルを売り、円を買って、円安傾向を緩和しようとします。それが、いわゆる「日銀の市場介入」です。

以前は、日銀の介入は円高局面で行われてきました。為替レートが一気に円高に進むと、輸出企業がダメージを受けます。円高が進むと、輸出製品が外国では実質的に値上がりし、競争力を失うリスクがあるからです。一方、近年の日銀介入は円安局面で行われています。

円安が一気に進むと、原油など、輸入品の値段が上昇し、国内経済に悪影響をおよぼします。政府・日銀は、そのようなとき、急激な円高や円安を止めるため、市場に介入するのです。

具体的には、たとえば、円安を食い止めたい局面なら、日銀はドルを大量に売り、市場へのドル供給量を増やします。

円安は円が市場で売られている局面ですから、その反対の動きをして円安を食い止めようとするのです。

ただし、政府・日銀の介入は、いつも功を奏するとは限りません。今や中央銀行といえども、現在の市場規模からすると、さほど大きな存在ではありません。そのため、円買い介入したとたん、投機筋からさらに大規模な円売りを浴びせかけられ、逆効果に終わることもありえます。

また、政府・日銀は、外為市場に言葉で介入することもあります。たとえば、財務大臣が「円が下がり過ぎているのは、少しおかしい」などと疑念を表明したりします。

そのように、政府・日銀の首脳らが、コメントを出して、為替相場の動向に注文をつけることを「口先介入」と呼びます。

そうした「口先介入」は、政府が通貨に対してどのように考えているかを言葉で示すことで、市場に影響力を行使しようというものです。通貨当局が本格介入するまえに、まず口先介入し、市場の動向を見るというアドバルーン的な効果を狙う場合もあります。

ただし、口先介入にはマイナス面もあります。安易な口先介入を繰り返すと、〝オオカミ少年〟のように扱われ、市場の信頼を失うことにもつながるのです。

世界中どこへ行ってもドルが通用する理由

USドルは、地球上どこへ行っても、まず通用します。本来はアメリカ一国の通貨であるドルが「世界通貨」のように機能している背景には、さまざまな事情があります。

まず、歴史をさかのぼると、ドルが世界中で使われはじめたのは、そう古い話ではなく、第2次世界大戦後のことです。戦後、力を失った英国（ポンド）に代わって、アメリカとドルに信用が集まりました。戦後のアメリカは、世界でもずば抜けた経済・軍事大国となり、その通貨であるドルは超大国アメリカの信用に裏打ちされたのです。制度的には、アメリカは当時、金1オンス＝35ドルという交換を保証していました。

そうして、USドルが国際的に広く使われはじめると、ドルで取引するのが最も便利になり、ドルの流通範囲は広がっていきます。

そのドルの信用も、1970年代に一時ぐらつきました。1971年、アメリカはドルと金の交換を停止し、ドルは金という裏付けのない紙幣になりました。まもなく変動相場制の時代に入り、ドルの価値は上下するようになります。とりわけ、円に対しては、大きく下がりはじめました。

それでもドルが世界で使われ続けているのは、ドルに代わる基軸通貨がないためです。欧州共同通貨のユーロにしても、ヨーロッパ以外の地域では広く使われる状態にはなっていません。現時点では、ドルに代わる存在がないため、世界中でドルが流通しているといえます。

格付けが引き下げられてしまうことのインパクト

「格付け」は、国債や社債の信用度を示す指標。格付け会社が、その国や銀行、企業などが債務不履行（デフォルト）に陥らないか、その危険度をチェックし、ランク付けしたものです。

その格付けは、たとえばムーディーズという格付け会社の場合、Ａａａ（トリプルＡ）からＣまでの段階に分かれていて、Ａａａがもっとも高いランクになります。

日本の銀行や企業の債券も格付けされていて、たとえば日本の銀行は、1980年代までは最上級にランクされていました。それが、90年代、不良債権処理に苦しむなか、格付けは何度も引き下げられて、なかには最低ランクまで格付けを落とされた銀行もありました。

そうして、格付けが引き下げられてきたのは、銀行ばかりではありません。日本政府が発行する「国債」もまた、引き下げの対象になってきました。

1980年代まで、日本国債は最上級に位置し、ムーディーズの格付けでいえば、Aaaにランクされていました。しかし、国債残高が積み上がるなか、まずAa1にワンランク引き下げられ、2000年にはもうワンランク引き下げられてAa2となりました。そして、2002年6月には、A2にまで引き下げられてしまったのです。その時点で、G7メンバーのなかでは最低になりました。今も、安定的とされるAランクにとどまりながらも、主要国のなかでは低い位置にあります。

国債の格付けが引き下げられると、国内の企業すべてに悪影響をおよぼします。企業の社債の格付けは、国債の格付けにほぼ連動し、企業の社債の格付けが国債の格付けを上回ることはまずありません。

格付けが下がるということは、それだけ安全性が懸念されているということであり、金利を高くしないと引き受けてくれる人がいなくなります。要するに、国債の格付けが下がると、社債の格付けも下がり、その分、利率を高くする必要が生じ、資金調達コストが大きくなるというわけです。

短期金利と長期金利の違いをシンプルに説明する

日銀がコントロールしている金利は、大きく「短期金利」と「長期金利」に分けられます。ここでいう短期金利や長期金利は、個人が銀行から短期や長期でお金を借りるときの金利ではなく、銀行間における取引など、長期金融市場や短期金融市場での金利を指します。

まず、短期金融市場は、1年未満の資金がやりとりされる市場のこと。銀行や企業が日々の支払いに必要なお金を調達する場で、ここで用いられる金利が短期金利です。

一方の長期金利は、1年以上の資金がやりとりされる長期金融市場で用いられる金利。こちらは、10年物の長期国債の利回りが指標になり、長期国債の利回りが低くなれば、長期金利の利回りも連動して低くなります。逆に、長期国債の利回りが高くなれば、長期金利は高くなります。その長期国債の利回りを決めるのは、需要と供給に基づく市場メカニズムです。

長期国債の利回り動向は、今後の景気をどう見るかによって変わってきます。たとえば、今後10年の間にインフレが進むと予想されるときは、長期国債の利回りは高くなり、長期金利も高くなります。

一方、物価が安定すると予想されるときは、長期国債の利回り、長期金利は低くなります。そのため、長期金利の動向には、将来の景気に対する市場関係者の見通しが端的に表れることになります。

5章

日本国憲法で読み解く本当の「国のかたち」

日本国憲法は、どんな構成になっているか

2024年の朝の連続テレビ小説『虎に翼』は、日本初の女性弁護士で、戦後裁判官にもなった三淵嘉子《よしこ》さんをモデルとしたドラマでした。

そして、その準主役をつとめたのは「日本国憲法」だったといっていいでしょう。とりわけ、「法の下の平等」をうたった憲法第14条が繰り返しフィーチャーされました。そうして、改めて憲法が静かな注目を集めることになったのですが、言うまでもなく、憲法はこの国のかたちを決めている法律です。この章では、何がどう決められているのか、おさらいしていきます。

まずは、その構成です。日本国憲法は、冒頭に前文が置かれ、そのあとに第1章第1条から第11章第103条まで続きます。明治憲法（大日本帝国憲法）は第76条まででしたので、条文の数では3割近く増えたことになります。

ただし、日本国憲法は、外国の憲法と比べると、短めの憲法です。世界の憲法をまとめた本のページ数で比較すると、日本国憲法は7ページ、アメリカ合衆国憲法

は11ページ、大韓民国憲法は12ページ、ドイツ連邦共和国基本法は30ページもあるという具合です。それは、ひとつには、日本国憲法が大筋を示し、細かい点は「法律」に委ねるとしていることが多いためです。また、次項で述べるように、事実上、この憲法の草案が2週間足らずで書かれたことも関係していると思えます。

その中身をみていくと、日本国憲法は、まず前文で、この憲法ができた経緯と基本理念について述べています。

続く第1章は「天皇」に関する章で、第1条から第8条まで、天皇がどのような存在で、どのような権能を持つかが記されています。

第2章「戦争の放棄」は、第9条のみ、1条だけの章です。日本国憲法のなかで、最もよく知られ、最も議論の的となってきた章（条文）といえます。

第3章は「国民の権利及び義務」で、「基本的人権の尊重」「法の下の平等」「思想及び良心の自由」「信教の自由」「言論の自由」「職業選択の自由」「教育を受ける権利・教育の義務」「勤労の権利・義務」「納税の義務」などについて、40条にわたって細かく書かれています。

第4章以降は国家機構のかたちについて書かれ、その最初に書かれているのは、内閣（政府・行政）ではなく、国会です。第4章が「国会」で、第5章が「内閣」、第6章が「司法」の順に、いわゆる三権について記されています。

その次の第7章「財政」で、国家財政はこの憲法に縛られることが明記されています。内閣（政府）が勝手に税を決めたり、予算の使い方を決めることはできず、国民の代表である国会での議決を求めています。

第8章は「地方自治」。第9章は憲法の改正手続きについて書かれ、第10章は「最高法規」という章で、憲法の性質や尊重擁護義務について書かれています。

最後の第11章は「補足」で、憲法制定当時には必要でしたが、今日ではあまり関係のない事柄が記されています。

日本国憲法はいつどのようにして制定されたのか

ここで、日本国憲法制定までの経緯を振り返っておきましょう。1945年（昭和20）8月、日本はポツダム宣言を受諾し、無条件降伏しました。そのさいの連合国の日本への要求は、簡略にいえば、「平和主義、民主主義、人権尊重を柱とする政治体制をつくれ」ということでした。

そうした国のかたちを決めるためには、新憲法が必要です。そこで、敗戦から2か月後には、早くも政府内に「憲法問題調査委員会」が設けられます。委員長が商法学者の松本烝治《じょうじ》国務大臣だったので、松本委員会と呼ばれます。

翌1946年（昭和21）2月8日、松本委員会からマッカーサーをトップとするGHQへ、「憲法改正要綱」が提出されました。その案は、大日本帝国憲法をベースにして、それを改正するかたちで新憲法案を作ったものでした。根本的に「国のかたち」を変えるような内容にはなっていませんでした。

GHQはその内容を不満とし、自ら草案の作成に着手します。その憲法案「マッカーサー草案」は、2月13日に日本政府に手渡されました。松本案は2月1日に新聞にスクープされていたので、GHQがそこから作業をはじめたとしても、わずか2週間で作られたことになります。

マッカーサー草案を日本語に翻訳し、それに基づいて日本側の案がまとめられ、GHQとの折衝を経て、3月6日、国民に対して「憲法改正草案要綱」が発表されました。それから1か月後の4月17日には、正式な「大日本帝国憲法改正草案」として、内閣から公表されました。日本国憲法に、大日本帝国憲法（明治憲法）の条文はまったく残っていませんが、法手続き上は、憲法改正のかたちがとられたのです。

それと前後して、4月10日、総選挙が行われ、5月22日に吉田茂内閣が成立します。憲法改正草案は、6月20日に国会に提出され、衆議院では8月24日、貴族院では10月6日に、それぞれ若干修正されたうえで可決されました。

こうして、まだ明治憲法下での帝国議会で、日本国憲法は成立。1946年11月3日に公布され、その半年後の1947年（昭和22）5月3日から施行されました。

日本国憲法の3つの基本理念を確認する

日本国憲法は、次の3つを基本理念としています。「国民主権」、「基本的人権の尊重」、そして「平和主義」の3本柱です。

このうち、国民主権と基本的人権の尊重の2つは、欧米の民主主義諸国の憲法にも通底する理念です。一方、平和主義に関しては、当時、平和主義を憲法で明確に宣言したのは、日本国憲法くらいでした。

この3つの基本理念は、憲法前文に書かれたうえで、各条文に盛り込まれています。まず、平和主義を具体的に条文としたものが、第2章第9条の「戦争の放棄」です。

基本的人権の尊重は、第3章「国民の権利及び義務」に細かく書かれています。

もうひとつの基本理念である国民主権に関しては、独立した章や条文はありませんが、その代わりに、第1章「天皇」のなかで、主権が国民にあることが記されています。憲法第1条に「天皇は、日本国の象徴であり日本国民統合の象徴であって、この地位は、主権の存する日本国民の総意に基づく」とあるのです。つまり、この第1条は、天皇の地位について定めたものですが、同時に国民主権を定めた条文でもあるのです。

天皇の「国事行為」の内容について覚えておきたいこと

憲法第1条の条文のなかで、過去、議論の対象となってきたのは、「象徴」という言葉の意味です。大方の憲法学者の見方は、「象徴」という言葉は「国家元首ではない」、「統治権を持たない」ことを表しているのであって、「象徴」という語句自体にさほど深い意味はないというものです。

たしかに、憲法は、第4条で「天皇は、この憲法の定める国事に関する行為のみを行ひ、国政に関する権能を有しない」と、天皇ができることを制限しています。

さらに、その前の第3条には、「天皇の国事に関するすべての行為には、内閣の助言と承認を必要とし、内閣が、その責任を負ふ」とあり、天皇は、国民の代表である内閣が認めたこと以外はできないとしています。これらの条文には、象徴天皇制、国民主権の原則が貫かれています。

では、憲法が定める「国事に関する行為」、いわゆる国事行為とはどういうものでしょうか?

まず第6条に「天皇は、国会の指名に基いて、内閣総理大臣を任命する」「天皇は、内閣の指名に基いて、最高裁判所の長たる裁判官を任命する」とあります。

任命といっても、天皇が誰を総理大臣にするかを決めるわけではありません。国会で指名された人を自動的に任命するだけです。最高裁判所長官も、天皇が任命しますが、それも天皇が人選するわけではなく、内閣が指名した人物を自動的に任命します。

続く第7条にも、いくつかの国事行為が列挙されていますが、いずれも形式的・儀礼的な行為です。たとえば、法律の公布も、天皇の国事行為とされていますが、制定するのは国会です。国会の召集や衆議院の解散も、天皇の国事行為とされていますが、天皇自身が決めて行うわけではありません。そうしたすべての行為には、第3条にあるように「内閣の助言と承認」を必要とします。つまり、内閣が決め、天皇はそれを自動的に承認するのが、この国の仕組みです。

「女帝」について、憲法はどう決めているのか

日本国憲法は、皇位の継承について、第2条で「皇位は、世襲のものであって、国会の議決した皇室典範の定めるところにより、これを継承する」としています。つまり、憲法には、「天皇は男子でなければならない」とは書かれていないのです。そのあり方は、皇室典範に委ねられています。

皇室典範は、名称は「○○法」とはなっていませんが、法律のひとつです。その第1章第1条に「皇位は、皇統に属する男系の男子が、これを継承する」とあるので、今のところ、女性は皇位につけないことになっています。ただ、法律である以上、国会で2分の1以上の賛成があれば、改正は可能です。憲法を変えなくても、女性天皇の誕生は可能なのです。

では、戦前までの明治憲法はどうだったかというと、第2条に「皇位ハ皇室典範ノ定ムル所ニ依リ皇男子孫之ヲ継承ス」とあり、憲法にもはっきりと「男子孫」と明記されていました。日本国憲法で「男子継承」という条件が削られたのは、憲法には男女平等がうたわれているので、矛盾を避けるためという見方もあります。

ただ、憲法には明記しなくとも、法律（皇室典範）では、「男系の男子」と定めたというわけです。

憲法第9条に書かれていることをあらためて知っておく

第9条は、平和憲法の要となる条文です。そこには、次のようにあります。

第9条　日本国民は、正義と秩序を基調とする国際平和を誠実に希求し、国権の発動たる戦争と、武力による威嚇又は武力の行使は、国際紛争を解決する手段としては、永久にこれを放棄する。

2　前項の目的を達するため、陸海空軍その他の戦力は、これを保持しない。国の交戦権は、これを認めない。

前半には「戦争の放棄」と要約される内容が書かれ、2には「戦力の不保持」と「交戦権の否認」について書かれています。

このような条文が生まれた背景には、当然、太平洋戦争への深い反省がありました。日本国憲法の原案はGHQが作成したので、この第9条は「アメリカの押しつけ」と説明されることがあります。ところが、実際には、軍の撤廃は日本側から提案したようです。マッカーサー案が提示される数日前、幣原喜重郎《しではらきじゅうろう》首相がマッカーサーと会談し、その席上で、軍備撤廃の考えを示唆したと伝えられているのです。

幣原首相は外交畑の出身で、平和思想の持ち主でした。その幣原首相の意向を聞いて、マッカーサーも決断し、草案に盛り込まれたというのが正確な経緯といえます。

じつは、この「戦争の放棄」という考え方は、日本国憲法のオリジナルではありません。第1次世界大戦後、パリで結ばれた不戦条約には、「国際紛争解決のために戦争に訴えることを非とし、国家の政策の手段としての戦争を放棄する」とあり、日本もこれに署名していました。また、1945年に誕生した国際連合の国連憲章にも、「武力による威嚇又は武力の行使を慎む」とあります。「戦争の放棄」という考え方は、国際的な条約、あるいは理想というかたちでは、すでに存在していたのです。

憲法が保障する基本的人権の話

ここからは、憲法の定める「国民の権利及び義務」についてみていきましょう。まず、国民の権利として、憲法は第11条で「基本的人権」を保障しています。そこには、次のように書かれています。

「国民は、すべての基本的人権の享有を妨げられない。この憲法が国民に保障する基本的人権は、侵すことのできない永久の権利として、現在及び将来の国民に与へられる」

そして、第13条から第40条まで、じつに条文全体の約4分の1を費やして、その権利の中身が列挙されています。その意味で、基本的人権は、日本国憲法の中核理念といえます。

その基本的人権は、おおむね2つのカテゴリーに分けられます。第13条から第24条までは「自由権」と解釈されるもので、国が個人について干渉しないことを保障しているもの。具体的には、「個人の尊重」（第13条）、「法の下の平等」（第14条）、「思想及び良心の自由」（第20条）、「集会・結社・表現の自由」（第21条）、「居住・移転・職業選択の自由」（第22条）、「学問の自由」（第23条）、「両性の平等」（第24条）などがあります。

そして第25条から第40条までは「社会権」で、国民の権利を守るために、国が積極的にかかわることを保障した条文です。「教育を受ける権利」（第26条）、「勤労の権利・義務」（第27条）、「裁判を受ける権利」（第32条）などがあります。

そして、第12条には次のように書かれています。「この憲法が国民に保障する自由及び権利は、国民の不断の努力によつて、これを保持しなければならない」

要するに、基本的人権とは、国だけが保障してくれるのではなく、国民自らが

「不断の努力」をして守っていかなければならないということです。

基本的人権があるのに、強制立ち退きさせられたりする根拠

基本的人権を保障した条文のひとつである第13条は、「個人としての尊重」をうたっています。ただし、その権利は「公共の福祉に反しない限り」と限定されています。次が、その全文です。

「すべて国民は、個人として尊重される。生命、自由及び幸福追求に対する国民の権利については、公共の福祉に反しない限り、立法その他の国政の上で、最大の尊重を必要とする」

ここでいう「公共の福祉」とは、いったいどういうことなのでしょうか？

一般的な解釈では、「公共」とは「社会全体に関すること」であり、この場合の「福祉」は「利益」のこと。つまり、「社会全体の利益」という意味になります。憲法は、個人の権利は尊重されるべきものだが、「社会全体の利益」のためには、部分的に制限されるのもやむをえないといっているわけです。

この条文が、これまで政府・行政寄りに解釈されてきたことは否めません。「公共の福祉」の名のもと、空港をつくるときやダムを建設するさい、住民は強制的に立ち退きさせられてきました。「公共の福祉に反しない限り」という言葉の解釈しだいで、憲法が保障している基本的人権が相対的なものになることもあるというわけです。

法の下の平等をめぐる問題点は？

憲法第14条には「法の下《もと》の平等」という言葉がでてきます。「すべて国民は、法の下に平等であつて、人種、信条、性別、社会的身分又は門地により、政治的、経済的又は社会的関係において、差別されない」という文言です。

朝の連続テレビ小説『虎に翼』でもフィーチャーされた条文ですが、この第14条には、ひとつ論議の対象となる言葉が含まれています。「国民」の2文字です。

憲法第10条には、「日本国民たる要件は、法律でこれを定める」とあって、憲法そのものは、国民について定義をしていません。国籍法をみると、日本の国籍制度は「血統主義」と呼ばれるもので、生まれた場所が日本の領土内であるかどうかよりも、親の国籍を重視します。つまり、「生まれたときに父か母が日本国民」、「生まれる前に死亡した父か母が日本国民」、「日本で生まれたが、父母がともにだれかわからないか、どちらも国籍をもっていない」の3点が、日本国民の条件になります。

それ以外の人は、日本に住んでいて、日本に税金を払っていても、国民ではないので、「法の下の平等」を享受できないこともありうるというわけです。

具体的に訴訟になってきたのは、在日外国人の地方自治体選挙の選挙権や、自治体職員の採用・昇任問題など。日本に長く暮らし、税金を払っていても、外国人は選挙には参加できないし、また公務員に本採用されるのは今も難しい。一方、社会福祉制度には、外国籍であっても、適用されるものが増えています。

憲法の保障する自由権って、どんなもの？

では、ここからは、憲法の定める「自由権」について、細かくみていきましょう。

自由権のなかで最も重要なものは「精神的自由権」です。その第一として、憲法第19条は、「思想及び良心の自由は、これを侵してはならない」としています。

個人の思想と良心の自由を、侵してはならないのは、国家です。戦前、国家が思想弾圧を行い、拷問で殺害したこともあった反省から、憲法にこの条文が盛り込まれました。

第20条では、憲法は「信教の自由」を保障しています。そこには、「信教の自由は、何人に対してもこれを保障する」とあります。これは、誰がどの宗教を信じるかは自由だし、信じないのも自由という意味です。

外国をみると、イスラム教を国教としている国もあれば、キリスト教と政治が密接に関係する国もあります。そのなか、日本の憲法は政教分離をかなり厳格に定めているのです。これも、戦前、国家神道が事実上、国教化され、神道以外の宗教が弾圧されたことへの反省に立ってのことです。

また、第20条には、「いかなる宗教団体も、国から特権を受け、又政治上の権力を行使してはならない」ともあります。これが、いわゆる「政教分離」です。

次いで、第23条では、「学問の自由」を保障しています。これは、外国の憲法ではあまり見かけない条文ですが、日本国憲法があえて学問の自由を入れたのは、戦前、歴史学の分野などで、皇国史観の立場から特定の学説しか認めず、その他の説を唱えた学者を弾圧したことがあったからでした。

経済的自由権とは、なにをする自由?

自由権には、精神的自由権のほかに、「経済的自由権」も含まれます。居住や移転の自由、職業選択などの自由です。また、第22条には、外国に移住し、国籍を離脱する自由も書かれています。

ただし、精神的自由権がほぼ無条件だったのに対し、これらの経済的自由権には、「公共の福祉に反しない限り」という条件がつきます。たとえば、憲法で「居住の自由」が保障されているといっても、他人の家に勝手に住むことはできません。「職業選択の自由」も、人気企業に就職したいと思っても、採用されなければ仕方ありません。企業が誰を採用するかは、その企業の自由です。

職業選択の自由とは、江戸時代に士農工商といった身分差別があったように、生まれながらにして特定の職業にしかつけないようなことが、公的な社会制度としてあってはならないという意味。したがって、たとえば商店を経営している父親が、息子に対して「この店を継げ、そうでなければ、学費は出さない」と言っても、憲法違反ではありません。それは、公的な社会制度の問題ではなく、親子の問題だからです。

憲法が保障する「健康で文化的な最低限度の生活」って、どんな暮らし？

憲法第25条には、「すべて国民は、健康で文化的な最低限度の生活を営む権利を有する」とあります。これは、国は、健康で文化的な最低限度の生活が営めない人に対して援助を行い、その権利を保障しなければならないことを意味します。

そのために、いろいろな公的な保険・福祉制度が設けられてきました。たとえば、国は、収入が少なく、生活が苦しい人に対して、生活保護法による援助を行っています。住んでいる地域や世帯の構成人員によって「最低生活基準額」を決め、それを下回った場合、生活保護の対象になるのです。その支給金額は、基本的に政府が判断する「健康で文化的な最低限度の生活」を営める程度に設定されています。

また、国民健康保険も、「健康で文化的な最低限度の生活を営む権利」を背景として生まれた制度といえます。現在、たいていの場合、本人負担3割で、残りの7割は国民健康保険組合が支払い、国は国保に対しては税金を支出しています。ただし、保険医療では、定められた範囲内の医療しか受けることができません。それでも、〝最低限度の健康〟は維持されるというわけです。

義務教育って、生徒の義務？　親の義務？　国の義務？

憲法第26条には「すべて国民は、法律の定めるところにより、その保護する子女に普通教育を受けさせる義務を負ふ。義務教育は、これを無償とする」とあります。

これは、保護者（一般的には親）に普通教育を子どもに受けさせる義務を課し、また国や地方自治体にも、義務教育を無償で行う義務を課した条文です。つまり、「義務教育」という言葉の意味は、保護者や国などには、子どもを学校に行かせる義務はあるが、子どもには学校に通う義務はないというわけです。

では、まず、なぜ保護者の義務としたかといえば、昔は貧しい家の子どもは学校に行かせてもらえず、農作業などの家の仕事をさせられるのが、当たり前だったからです。現代でも、発展途上国には学校に通えない子どもが少なくありません。

さらに、教育に関しては、憲法ではっきり決めておかないと、教育というものは結果がすぐに出る事業ではないだけに、財政が厳しくなると、おろそかになりかねません。そこで、憲法に国や地方公共団体、そして保護者の義務を明記してあるのです。

「男女平等」は憲法のどこにどう書いてあるのか

今では、しごく当たり前の考え方である「男女平等」も、昔はそうではありませんでした。たとえば、政治面では、女性に参政権はありませんでした。

現在の憲法になって男女平等となったわけですが、そのことは、まず第14条の「すべて国民は、法の下に平等であつて」というところで、「性別」によっても「政治的、経済的又は社会的関係において、差別されない」と明記されています。

憲法では、第14条以外でも、男女平等についてふれています。第24条です。ここでは、婚姻が「両性の合意のみに基づいて成立」すること、「夫婦が同等の権利を有する」ことが書かれています。

今では、それも当たり前ですが、戦前は、親が本人の意思とは関係なく、子どもの結婚相手を決めることが多かったのです。

さらに具体的に、第24条2では、配偶者の選択、財産権、相続、住居の選定、離婚並びに婚姻など、家族に関する事項については、個人の尊厳と「両性の本質的平等」に立脚して法律は制定されなければならない、としています。

この第24条の原案を書いたのは、当時22歳だったアメリカ人女性のベアテ・シロタ・ゴードンさんでした。彼女は、5歳のとき、父の仕事の関係で来日し、太平洋戦争がはじまる前の1939年、アメリカに渡り、終戦後にGHQ職員として日本に戻ってきました。そして、日本の女性の地位を向上させようとして、この条文の原案を書いたのです。戦前の日本の女性の状況をよく知っていたからこそ、書けた条文といえるでしょう。

「国権の最高機関」って、どういう意味？

日本国憲法の後半には、この国の「統治機構」に関する条文が並んでいます。その統治機構の基本原則は「三権分立」です。立法権と行政権と司法権の三権が、互いにチェックしあう体制です。

日本に限らず、近代憲法をもつ国では、三権分立体制をとるのが基本ですが、一口に三権分立といっても、国によって制度は大きく異なります。

日本のように国会が行政のトップ（総理大臣）を選ぶ国もあれば、アメリカのように行政のトップ（大統領）を国民が直接投票で選び、議会はその人選に関与できない国もあります。

さて、憲法の第4章「国会」の最初の第41条には、「国会は、国権の最高機関であつて、国の唯一の立法機関である」と書かれています。ここで過去、論点となってきたのは、「国権の最高機関」という言葉の意味です。

憲法学者たちの見解のひとつは「政治的美称」に過ぎないとする見方です。つまり、「それは、国民の代表によって構成された国会に与えられた美称であり、深い意味はない」とする説です。確かに、三権分立の考え方からすると、国会が内閣や司法よりも高い地位にあるのはおかしいわけで、これは国会もあくまでその並列的な三権のなかのひとつとする解釈です。

一方、憲法が国会を「最高機関」と明記しているのは、国民主権の国であることをここでも確認するためとする説もあります。三権のなかで、唯一国会だけが主権者である国民が選挙で選んだ議員によって構成されています。その意味で、国会は内閣や司法よりも優位に立つ国の最高機関だとする論理です。

ただ、衆議院は総理大臣によって解散させられることもありますし、現実には国会は内閣の作った法律(閣法)をほとんど修正することなく通してきました。そうした現実に目を向ければ、国会が最高機関という印象は希薄といってもいいでしょう。

憲法の定める国会と裁判所の関係

その一方、憲法は、国会と裁判所の関係については、どう定めているのでしょうか？

まず、憲法は、第6章「司法」の第81条で、「最高裁判所は、一切の法律、命令、規則又は処分が憲法に適合するかしないかを決定する権限を有する終審裁判所である」としています。つまり、最高裁判所は、国会が作った法律が憲法に違反していないかどうかを判断できるのです。

とはいっても、国会で法律が成立するたびに、最高裁判所が審査するわけではありません。誰かが「この法律は違憲ではないか」と裁判に訴え、それが地方裁判所、高等裁判所で争われ、最高裁に上告されて初めて最高裁での審査がはじまります。

一方、国会も、裁判所に対するチェック機能を持っています。「司法の独立」という観点から、裁判官の身分は厳重に守られていますが、唯一、国会だけが罷免《ひめん》することができるのです。

憲法第64条には、「国会は、罷免の訴追を受けた裁判官を裁判するため、両議院の議員で組織する弾劾裁判所を設ける」とあります。この条文に基づいて、裁判官弾劾法があり、「職務上の義務に著しく違反し、又は職務を甚だしく怠ったとき。裁判官としての威信を著しく失うべき非行があったとき」、裁判官を罷免するために、弾劾裁判所が設けられることになっています。

総理大臣の権限は、憲法にはどう書いてある？

憲法には、総理大臣の権限はどのように書かれているのでしょうか？

第66条には、「総理は内閣の首長」という意味のことが記され、第68条では、総理には、国務大臣の任命権と、罷免権が与えられています。

そして、第72条には、「内閣総理大臣は、内閣を代表して議案を国会に提出し、一般国務及び外交関係について国会に報告し、並びに行政各部を指揮監督する」と、その職能が具体的に書かれています。

ただ、憲法には、内閣総理大臣が国家元首であるとか、全面的な権力を持つといったことは書かれていません。

要するに、日本国憲法は、総理大臣は、国務大臣の人事権を持ち、それを行使するという間接的な方法で、省庁をコントロールすることしかできないという立て付けになっているのです。

大臣は「文民」でなければならないことの意味

総理大臣と国務大臣の条件は、総理は国会議員であること、そして第66条の2で、総理も国務大臣も「文民でなければならない」と定められています。

この「文民」という言葉、ふだんはあまり耳にしませんが、その意味は「軍人ではない」ということ。しかし、考えてみると、日本国憲法によって軍隊はなくなったのですから、日本には元軍人はいても、軍人はいないはず。それなのに、なぜあえて文民に限定する必要があったのでしょうか。

この文言は、GHQが次のような事態を想定して盛り込んだようです。憲法制定当時は、まだ戦前、軍人だった人々が現役世代であり、そういう人々が国会議員となり、さらには総理大臣や国務大臣になる可能性もありました。また、日本が再軍備する可能性も否定はできません。そこで、軍人は、内閣のメンバーにはなれないことを、あえて書き込ませたのです。

その後、1970年代には、2人の元職業軍人が入閣し、近年も、自衛隊出身者が大臣になったことがあります。こういうケースに関しては、「違憲ではないか」という指摘もあるのですが、もともと「文民」の定義が憲法にはっきりと明記されているわけでもないので、大きな問題にはならずに現在に至っています。

財政立憲主義って、どんな理屈？

憲法は、第83条で、国の財政を処理する権限は国会の議決を必要とすると定めています。こうした考え方を「財政立憲主義」と呼びます。

そのうえで、憲法は第84条で、新しい税をつくったり、現行の税を変更するには、「法律又は法律の定める条件による」とし、国会で決めることを求めています。

さらに、第85条では、国費を支出したり、国が債務を負担するのも、「国会の議決に基づく」としています。

第86条では、予算案をつくることは内閣の仕事ですが、それは国会で議決されなければならないとしています。とにかく、憲法は、政府が勝手にお金の出し入れをしにくいシテスムにしているのです。

明治憲法では、国家予算については、国会の承認は必要なく、政府の判断で決めることができました。それを新憲法では、大きく変えたわけです。

ただし、現実には、与党が過半数を握っている時代には、財務省がつくった政府予算案が、国会で原案のまま、修正されることなく、議決されるのが通例でした。

憲法は、国と都道府県と市町村の関係をどう定めているか

憲法は第8章で「地方自治」について述べています。アメリカやドイツをはじめとする連邦制の国では、かなりの条文を連邦国家と州の関係に割いていますが、日本国憲法の地方自治の章は短く、第92条から第95条までの4条しかありません。

そのことが、地方分権の進まない一因となったともいわれるのですが、そもそも憲法制定時、この国には、地方分権という考え方が希薄でした。戦前の日本は、徹底的に中央集権型の国家だったからです。

憲法は、第92条で、地方公共団体の組織と運営に関して、「地方自治の本旨に基づいて、法律で定める」としています。いかにも抽象的な条文で、憲法は、国と地

方公共団体の関係や役割分担について、具体的には何も示していません。

唯一、第94条で、地方公共団体にも行政を執行する権利があることと、条例を制定する立法権を認めていますが、その条例は「法律の範囲内」と、国の法律のほうが優先されると明記しています。そうした意味では、日本国憲法は「地方軽視の憲法」という人もいます。

また、憲法は、第93条で、地方公共団体には議会を設置することと、地方公共団体の長（首長と呼ばれる）と議会の議員は、直接住民が選挙するとしています。これは、制定時には、画期的な改革と言えました。戦前まで、自治体の長は、官選だったからです。たとえば、各都道府県の知事は、選挙で選ばれるのではなく、戦前は内務大臣が人事権を握っていたのです。

今の日本では、国政は議員内閣制ですが、地方自治体はいわば大統領制をとっています。議員のなかから、市長や県知事が選ばれるのではなく、別の選挙で、有権者の直接投票によって首長を選ぶ仕組みです。そのため、知事と議会の関係は、政府と国会よりも緊張関係をはらみます。議会の多数が知事の方針に反対するということが、起こり得るからです。

「日本国憲法は変えにくい」って本当？

憲法第9章は「憲法改正」に関する章で、第96条に憲法改正の具体的な方法が書かれています。それによれば、衆議院と参議院のそれぞれで、総議員の3分の2以上の賛成を得た後、国会がこれを「発議」、国民投票にかけて、「その過半数の賛成」を得た場合に改正することができます。

過去に憲法改正は一度も「発議」されたことがなく、というよりも、国会で正式に「憲法改正案」が審議されたこともありません。

憲法学では、改正しやすい憲法を「軟性憲法」、改正しにくい憲法を「硬性憲法」と呼びますが、日本国憲法は硬性憲法の部類に入ります。日本国憲法が、制定から80年近くも改正されていないのは、そもそも改正しにくいようにつくられているからなのです。

硬性憲法の〝硬度〟は、国によってさまざまですが、大きく分類して、議会内で完結する場合と、それ以外のプロセスも必要とする場合に分けられます。

たとえば、ドイツは、普通の法律は、出席議員の過半数の賛成で成立するのに対し、基本法の改正は総議員数の3分の2の賛成が必要になります。しかし、国民投票は必要ありません。アメリカは、上下両院で3分の2以上の賛成で発議し、4分の3以上の州議会あるいは州の憲法会議が賛成しなければなりません。日本のように国民投票を必要とする国は、他にフランスや韓国などがあります。

青春文庫

情報《じょうほう》に踊《おど》らされてる!?
政治《せいじ》と経済《けいざい》の
真実《しんじつ》を見極《みきわ》める力《ちから》

2025年 2 月20日　第 1 刷

編　　者　知的生活追跡班《ちてきせいかつついせきはん》

発 行 者　小 澤 源 太 郎

責任編集　株式会社プライム涌光

発 行 所　株式会社青 春 出 版 社

〒162-0056　東京都新宿区若松町 12-1
電話 03-3203-2850（編集部）
03-3207-1916（営業部）　印刷／三松堂
振替番号　00190-7-98602　製本／ナショナル製本
ISBN 978-4-413-29870-4